Hanns Christof Brennecke
Athanasius von Alexandrien auf dem Konzil von Florenz

Hans-Lietzmann-Vorlesungen

Herausgegeben von
Christoph Markschies

Heft 13

Hanns Christof Brennecke

Athanasius von Alexandrien auf dem Konzil von Florenz

DE GRUYTER

Akademieunternehmen „Die alexandrinische und antiochenische Bibelexegese
in der Spätantike – Griechische Christliche Schriftsteller" der Berlin-Brandenburgischen
Akademie der Wissenschaften

ISBN 978-3-11-045402-4
e-ISBN (PDF) 978-3-11-046898-4
e-ISBN (EPUB) 978-3-11-046869-4
ISSN 1861-6011

Library of Congress Cataloging-in-Publication Data
A CIP catalog record for this book has been applied for at the Library of Congress.

Bibliografische Information der Deutschen Nationalbibliothek
Die Deutsche Nationalbibliothek verzeichnet diese Publikation in der Deutschen National
bibliografie; detaillierte bibliografische Daten sind im Internet über
http://dnb.dnb.de abrufbar.

© 2016 Walter de Gruyter GmbH, Berlin/Boston
Druck und Bindung: CPI books GmbH, Leck
♾ Gedruckt auf säurefreiem Papier
Printed in Germany

www.degruyter.com

Vorwort

Im folgenden Heft wird die Hans-Lietzmann-Vorlesung dokumentiert, die Hanns Christof Brennecke im Jahre 2011 in Jena und Berlin gehalten hat. Mit den Hans-Lietzmann-Vorlesungen erinnern die Berlin-Brandenburgische Akademie, die Humboldt-Universität zu Berlin und die Friedrich-Schiller-Universität Jena an einen maßstabsetzenden Historiker des antiken Christentums, an *Hans Lietzmann*[1]. Lietzmann wechselte 1924 von Jena an die Theologische Fakultät der damaligen Friedrich-Wilhelms-Universität, wurde 1926 ordentliches Mitglied der damaligen preußischen Akademie der Wissenschaften und stand dem Akademieunternehmen „Griechische Christliche Schriftsteller", wiederum als Nachfolger Harnacks, seit 1930 vor. Alle diese Institutionen (beziehungsweise die Einrichtungen in ihrer Nachfolge) erinnern seit 1995 gemeinsam an den großen Gelehrten.

Die Verbindungen zwischen Hanns Christof Brennecke, dem emeritierten Patristiker aus Erlangen, und Hans Lietzmann sind vielfältig. Um ganz abweichend von der sonstigen Praxis der Einleitungen zu dieser Vorlesungsreihe einmal anekdotisch zu beginnen – aber sind nicht Anekdoten eine Grundsubstanz aller historischen Erzählung? –: Wenn man vor dem Jahre 2013 das im Stil von Bürobauten der Nachkriegszeit eher bescheiden mit hölzernen Wandschränken möblierte Dienstzimmer des Erlangener Ordinarius Brennecke betrat, so blickte man direkt beim Eintreten auf ein Bild von Hans Lietzmann. Bei näherer Betrachtung zeigte sich, dass es sich um eine ältere Fotografie handelte und nicht um einen Abzug aus der in Erlangen befindlichen Sammlung von Portraits evangelischer Theologen. Zeigte der Besucher Interesse, so erzählte Hanns Christof Brennecke eine geradezu abenteuerliche Geschichte: Bei dem Bild handelte es sich um das alte Portrait von Lietzmann aus dem Dekanat der Berliner Fakultät, das der Berliner Theologiestudent gleichsam vom Müllhaufen der Geschichte gerettet hatte, auf den es eine sich sozialistisch gebende Kirchenhistorikerin seiner Tage mehr aus politischen denn theologischen Gründen entsorgt hatte[2]. Inzwischen hängt das Bild, als sei in den vergangenen achtundvierzig Jahren nichts geschehen,

---

[1] Wilhelm Schneemelcher, s.v. „Lietzmann, Hans Karl Alexander (1875–1943)," in *Theologische Realenzyklopädie* (Berlin/New York: De Gruyter, 1991 = 2000), 21: 191–196; Wolfram Kinzig, „Hans Lietzmann (1875–1942)," in *Theologie als Vermittlung. Bonner evangelische Theologen des 19. Jahrhunderts im Porträt*, hg.v. Reinhard Schmidt-Rost, Stephan Bitter u. Martin. Dutzmann (Arbeiten zur Theologiegeschichte 6; Rheinbach: CMZ-Verlag, 2003), 220–231.

[2] Hanns Christof Brennecke, „Odyssee eines Bildes oder die etwas anderen Erinnerungen eines Berliner Theologiestudenten an das Jahr 1968," *Berliner Theologische Zeitschrift* 32 (2015): 183–200.

wieder im Dekanat der Theologischen Fakultät der Humboldt-Universität, weil es Brennecke anlässlich seiner Emeritierung der Berliner Fakultät, die ihn einst ausbildete, zurückgegeben und geschenkt hat. Zusammen mit dem Aufsatz, in dem der Schenkende die Odyssee des Geschenks dokumentiert und als zeitkirchengeschichtliche Miniatur für Probleme der deutsch-deutschen Erinnerungskultur deutet, illustriert das eindrückliche Schwarz-Weiß-Bild Irrungen und Wirrungen der Berliner Theologischen Fakultät im zwanzigsten Jahrhundert.

Hanns Christof Brennecke ist Berliner, so wie Hans Lietzmann Berliner wurde: Geprägt durch eine Kindheit am im Berliner Friedrichshain gelegenen Missionshaus an der Georgenkirchstraße[3], in seinen kirchlichen wie politischen Urteilen geschärft durch ein Studium der evangelischen Theologie und christlichen Archäologie an der Humboldt-Universität zu Berlin seit 1965, das nach einem präzisen, im Vorbeigehen gesagten Wort über den Einfall der Truppen des Warschauer Paktes in die Tschechoslowakei 1968 fast hätte beendet werden müssen und 1970 nach der Ausreise der Eltern in den westlichen Teil Berlins dann in Bonn fortgesetzt wurde. In Bonn traf Brennecke erstmals indirekt auf Hans Lietzmann, weil mit Wilhelm Schneemelcher dort ein Patristiker wirkte, der sich selbst ganz in der Tradition von Harnack und Lietzmann begriff[4]: Harnack war ein Freund der Eltern Schneemelcher gewesen und insofern erzählte Schneemelcher nicht nur gern Erinnerungen an seinen akademischen Lehrer Lietzmann, sondern auch solche an den elterlichen Freund. Brennecke arbeitete als studentische Hilfskraft Schneemelchers an der Patristischen Arbeitsstelle Bonn, die damals vor allem die „Bibliographia Patristica" herausgab[5], aber auch den Abschluss der unter Lietzmann begonnenen Athanasius-Ausgabe der Preußischen Akademie der Wissenschaften versuchte[6]. Da Schneemelcher in vielfältigen kirchlichen wie wissenschaftspolitischen Aufgaben gebunden war und zusätzlich noch die Ausgabe der neutesta-

---

3 Der Vater Gerhard Brennecke (1916–1973) gab die „Zeichen der Zeit" heraus und leitete die Berliner Missionsgesellschaft.
4 Vgl. Wolfgang A. Bienert, Wolfram Kinzig, Knut Schäferdiek und Helmut Sies, *In memoriam Wilhelm Schneemelcher (21. August 1914 – 6. August 2003). Reden bei der Akademischen Gedenkfeier am 7. Juli 2004 im Festsaal der Rheinischen Friedrich-Wilhelms-Universität Bonn* (Alma Mater 94; Bonn 2004).
5 Die Serie wurde 1997 abgeschlossen mit einem Band zu den Neuerscheinungen bis 1990: vgl. die Zusammenstellung bei https://www.degruyter.com/view/serial/16015 (letzte Abfrage am 01.08.2016).
6 Kurze Einführungen in die Geschichte der Ausgabe finden sich auf den Seiten der Erlangener Athanasius-Forschungsstelle: http://www.athanasius.theologie.uni-erlangen.de/aw-II.html (für den zweiten Band) sowie http://www.athanasius.theologie.uni-erlangen.de/aw-III.html (für den dritten Band; letzte Abfrage 01.08.2016).

mentlichen Apokryphen von Edgar Hennecke, einem Schüler Harnacks, übernommen hatte[7], schritten alle diese Publikationen eher langsam voran.

Überraschenderweise blieb Hanns Christof Brennecke nun aber nicht in Bonn und damit im unmittelbaren Bannkreis einer patristischen Forschung in Berliner Tradition, sondern wechselte im Jahre 1974 mit der gleichfalls in Bonn ausgebildeten Patristikerin Luise Abramowski nach Tübingen. Abramowski war praktisch gar nicht durch Schneemelcher und die Berliner Tradition geprägt, sondern durch den Bonner Alttestamentler Martin Noth und den dortigen Reformationshistoriker Ernst Bizer[8]. Insofern wendete sie die in der deutschen alttestamentlichen Wissenschaft entwickelte Tradition der Quellenscheidung energisch auf antike christliche Texte an und wandte sich besonders – darin Ansätze ihres Vaters Rudolf Abramowski fortsetzend – den sogenannten antiochenischen Theologen zu, anfangs besonders Nestorius und Theodor von Mopsuestia[9]. Brennecke wechselte mit Luise Abramowski nach Tübingen und entwickelte sich dort zu einem Experten für die Theologiegeschichte des vierten Jahrhunderts, insbesondere für die trinitätstheologische Kontroverse. Dabei synthetisierte er die aus der Berlin-Bonner Tradition stammende Verbindung von kirchenpolitischer und theologiegeschichtlicher Analyse, die Theologie und Politik in der Antike als untrennbare Einheit begreift, mit einer luziden Quellenkritik in der Tradition seiner Tübinger Lehrerin. Die beiden akademischen Qualifikationsarbeiten können als Einheit gelesen werden und haben sich zu Standardwerken der Theologiegeschichtsschreibung für das vierte Jahrhundert entwickelt: Die Promotion im Jahre 1980 beschäftigte sich mit Hilarius von Poitiers und der Bischofsopposition gegen Kaiser Constantius II.[10], die Habilitation 1986 mit der sogenannten homö-

---

7 Details und Literatur: Christoph Markschies, „Haupteinleitung," in *Antike christliche Apokryphen*, 7. Auflage der von Edgar Hennecke begründeten Sammlung, Band 1 *Evangelien und Verwandtes*, hg.v. Christoph Markschies und Jens Schröter in Verbindung mit Andreas Heiser (Tübingen: Mohr Siebeck, 2012), 1–180.
8 Luise Abramowski, „Dogmengeschichte und Literarkritik," in *Kirchengeschichte als Autobiographie. Ein Blick in die Werkstatt zeitgenössischer Kirchenhistoriker*, hg.v. Dietrich Meyer (Schriftenreihe des Vereins für Rheinische Kirchengeschichte 138; Köln: Rheinland-Verlag, 2002), 1–15; vgl. dazu auch Theresia Hainthaler, „In memoriam Luise Abramowski (1928–2014)," in *Hugoye. Journal of Syriac Studies* 18 (2015): 3–7 (http://www.bethmardutho.org/index.php/hugoye/volume-index/628.html; letzte Abfrage 01.08.2016).
9 Bibliographische Nachweise bei Hainthaler, s. voraufgehende Anmerkung.
10 Hanns Christof Brennecke, *Hilarius von Poitiers und die Bischofsopposition gegen Konstantius II. Untersuchungen zur dritten Phase des arianischen Streites (337–361)* (Patristische Texte und Studien 26; Berlin/New York: De Gruyter, 1984).

ischen Reichskirche, die Brennecke vom Geruch einer theologisch blassen kaiserlichen Kompromiss-Einrichtung zu befreien suchte.[11]

Nach der Tübinger Habilitation führten die akademischen Wegstationen auf das bereits erwähnte Erlangener Ordinariat über Vertretungen der Professuren für Christliche Archäologie und Kirchengeschichte in Göttingen und Heidelberg in den Jahren 1986 bis 1988 sowie eine Professur für Kirchengeschichte in Heidelberg im selben Jahr 1988. Brennecke blieb nach seiner Berufung auf den Lehrstuhl 1989 der Universität Erlangen-Nürnberg bis zur Emeritierung über fast fünfundzwanzig Jahre treu; einen Ruf auf den Lehrstuhl von Harnack und Lietzmann in Berlin 1996 lehnte er ab. Gleichwohl entstanden enge wissenschaftliche Verbindungen nach Berlin: Er wirkte als Mitherausgeber jener Zeitschrift für die Neutestamentliche Wissenschaft und Kunde der älteren Kirche, die Lietzmann lange im Berliner Verlag De Gruyter herausgegeben hatte[12], und stand seit 1999 als stellvertretender Vorsitzender der Aufsichtskommission für die „Griechischen Christlichen Schriftsteller" an der Berlin-Brandenburgischen Akademie der Wissenschaften vor (und steht in gleicher Funktion auch der Aufsichtskommission für das Nachfolgeunternehmen der „alexandrinischen und antiochenischen Bibelexegese in der Spätantike" vor). Insofern verwundert es auch nicht, wenn neben den im engeren Sinne patristischen Veröffentlichungen Brenneckes auch Spezialstudien zu preußischen Monarchen und Berliner Kirchenbauten entstanden sind[13].

Die zentrale Bedeutung von Hanns Christof Brennecke weit über die engen Fachgrenzen hinaus dokumentieren seine Mitgliedschaften in wissenschaftlichen Gesellschaften (er ist seit 2006 auswärtiges Mitglied der Erfurter Akademie, seit 2011 korrespondierendes Mitglied der Göttinger Akademie) und Funktionen in

---

11 Hanns Christof Brennecke, *Studien zur Geschichte der Homöer – Der Osten bis zum Ende der homöischen Reichskirche* (Beiträge zur Historischen Theologie 73; Tübingen: Mohr Siebeck 1986).
12 Die 1997 gegründete „Zeitschrift für antikes Christentum" versteht sich in der Tradition von Hans Lietzmann und war im Grunde als Verselbstständigung des Teils „und Kunde der älteren Kirche" der „Zeitschrift für die Neutestamentliche Wissenschaft" gedacht, deren Untertitel entsprechend dann auch entfiel: Vgl. Hanns Christof Brennecke und Christoph Markschies, „Editorial," in: *Zeitschrift für antikes Christentum* 1 (1997): 3–9 (englische Übersetzung von Alisdair Heron a.a.O. 10–16).
13 In Auswahl: Hanns Christof Brennecke, „Eine heilige apostolische Kirche. Das Programm Friedrich Wilhelms IV. von Preußen zur Reform der Kirche," in *Berliner Theologische Zeitschrift* 4 (1987): 231–251; „Zwischen Neogotik und Moderne. Evangelischer Kirchenbau im Wilhelminischen Zeitalter: Das Beispiel der Johannes-Kirche in Berlin-Schlachtensee," in *Berliner Theologische Zeitschrift* 7 (1990): 78–100; „Kirche für die Stadt," in *Die Erlöserkirche Berlin-Lichtenberg 1892–1992. Der Weg einer Gemeinde von der kaiserlichen Tradition bis zum Zusammenbruch der stalinistischen Diktatur*, hg.v. Wolfgang Triebler (Berlin-Lichtenberg, 1992), 15–20.

wissenschaftlichen Vereinigungen (von 1999 bis 2005 war er Vorsitzender der Fachgruppe Kirchengeschichte der Wissenschaftlichen Gesellschaft für Theologie, von 2000 bis 2007 Vizepräsident der Association Internationale d'Études Patristiques, seit 2014 ist er Vorsitzender der Patristischen Kommission der Union der Akademien der Wissenschaften).

Brenneckes Hauptarbeitsgebiet blieb auch in den Erlanger Jahren die Theologiegeschichte des vierten bis sechsten Jahrhunderts in ihrem Zusammenhang mit der Kirchenpolitik und Kirchengeschichte. Neben einzelnen Aufsätzen, die sich durch ihre ebenso präzise wie innovative Struktur schnell zu unentbehrlichen Beiträgen weit über das Fach hinaus entwickelt haben[14], stehen Lexikonartikel[15] und vor allem die gemeinsam mit den Schülerinnen Uta Heil und Annette von Stockhausen herausgegebenen Faszikel der von Lietzmann begründeten Ausgabe der Werke des Athanasius von Alexandrien: Die Reihe der „Urkunden zum arianischen Streit" wurde als kommentierte Ausgabe von Dokumenten mit deutscher Übersetzung über den ursprünglich geplanten zeitlichen Rahmen hinaus fortgesetzt und steht kurz vor dem Abschluss, der lange stockende zweite Band der Ausgabe mit den Apologien ist seit 2006 endlich abgeschlossen[16]. Brennecke hatte zum Jahreswechsel 1998/1999 auf Wunsch von Wilhelm Schneemelcher und im Auftrag der Berlin-Brandenburgischen Akademie der Wissenschaften die Fertigstellung der Edition des zweiten und dritten Bandes der „Athanasius Werke" übernommen. Zusätzlich bietet die Homepage der Erlanger Athanasius-Forschungsstelle wertvolle bibliographische und prosopographische Hilfsmittel und Materialien[17]. Als eine knappe Synthese der reichen Forschungen zum „germanischen Arianismus", der Konstruktion antiker Theologiegeschichte

---

14 Beispielhaft die Erlangener Antrittsvorlesung: Hanns Christof Brennecke, „Lukian von Antiochien in der Geschichte des Arianischen Steites," in *Logos. Festschrift für Luise Abramowski zum 8. Juli 1993*, hg.v. Hanns Christof Brennecke, Ernst Ludwig Grasmück und Christoph Markschies (Beihefte zur Zeitschrift für die Neutestamentliche Wissenschaft 67; Berlin: De Gruyter, 1993), 170–192. Einige wichtige Aufsätze sind gesammelt in: ders., *Ecclesia est in re publica. Studien zur Kirchen- und Theologiegeschichte im Kontext des Imperium Romanum*, hg.v. Uta Heil, Annette von Stockhausen und Jörg Ulrich (Arbeiten zur Kirchengeschichte 100; Berlin/New York: De Gruyter, 2007).
15 Zu nennen ist hier insbesondere: Hanns Christof Brennecke, s.v. „Homéens," in *Dictionnaire d'histoire et de géographie ecclésiastique* (Paris: Letouzey et Ané, 1993), 24: 932–960. Weitere Artikel für die großen und kleinen Enzyklopädien diverser Fächer dokumentiert die Bibliographie: http://www.athanasius.theologie.uni-erlangen.de/mitarbeiter/publ_brennecke.html (letzte Abfrage 01.08.2016).
16 Dafür siehe oben die Hinweise in Fußnote 6.
17 Zugänglich unter: http://www.athanasius.theologie.uni-erlangen.de/athanasius.html (letzte Abfrage am 01.08.2016).

insbesondere im zwanzigsten Jahrhundert und eigener Versuche, diese Geschichte kritisch zu schreiben, kann die akademische Abschiedsvorlesung in Erlangen gelten[18]. Auf umfangreichere monographische Entfaltung darf man in den nächsten Jahren hoffen.

Nicht ganz zufällig hing, um an den Anfang zurückzukommen, im Erlangener Büro von Hanns Christof Brennecke ein Portrait von Hans Lietzmann. Brennecke fühlte sich der Art und Weise verbunden, in der jener Berliner und Jenaer Gelehrte die Geschichte des antiken Christentums betrieb und an die unsere „Hans-Lietzmann-Vorlesungen" erinnern wollen. Brennecke setzt auf seine Weise die interdisziplinäre Weite, in der Lietzmann die Geschichte der Antike erforschte, fort und knüpft an seine selbstverständliche Integration von philologischen, historischen, archäologischen und liturgischen Fragestellungen an. Insofern war es ganz konsequent, dass er im Jahre 1995 den damals frisch nach Jena berufenen Autor dieser Zeilen anregte, jährlich eine „Hans-Lietzmann-Vorlesung" zu veranstalten und neben der Erinnerung an eine Person ein Programm fortzusetzen, das an Aktualität damals wie heute nichts eingebüßt hat. Insofern war die Einladung von Hanns Christof Brennecke zu einer solchen Vorlesung auch nur ein kleines Zeichen seiner Bedeutung für die ganze Reihe.

Am Ende dieses Vorwortes steht wie auch in den voraufgegangenen Heften der Dank. An Hanns Christof Brennecke nicht nur dafür, dass er sein Manuskript zur Verfügung gestellt und so geduldig auf dessen Publikation gewartet hat – aufgrund eines Wechsels in der Herausgeberschaft und der zeitlichen Beanspruchung des verbleibenden Herausgebers ist die Reihenfolge der publizierten Vorlesungen etwas durcheinandergeraten und hat sich das Erscheinen deutlich verzögert[19]. Es ist darüber hinaus auch für viele Jahre reicher Anregungen, verlässlicher Unterstützung und hilfreicher Freundschaft zu danken. Wieder ist die Publikation aber auch eine schöne Gelegenheit, dem Verlag De Gruyter und Albrecht Döhnert für ihre Unterstützung der Vorlesung und ihrer Publikation in einem weiteren schön gestalteten Heft dieser Reihe ganz herzlich zu danken, dazu meinem seinerzeitigen Mitherausgeber und Mitveranstalter Martin Wallraff, dem jetzt Katharina Bracht nachgefolgt ist. Die Berlin-Brandenburgische Akademie der Wissenschaften hat erneut die Veranstaltung in ihrem schönen Haus am Gendarmen-

---

18 Hanns Christof Brennecke, „Arianismus". Inszenierungen eines Konstrukts (Erlanger Universitätsreden 83; Erlangen 2014).
19 Eine Aufzählung von Vortragenden und Themen für die Jahre von 1995 an findet sich auf der Homepage der Jenaer Theologischen Fakultät, an der die Vorlesungsreihe begründet wurde: http://www.theologie.uni-jena.de/Lietzmann.html; eine Bibliographie der bislang erschienenen Bände auf der Homepage des Verlages: http://www.degruyter.com/view/serial/16148 (letzte Abfrage: 26.07.2016).

markt beherbergt, ebenso wie die Friedrich-Schiller-Universität in ihren Räumen, auch dafür sei sehr herzlich gedankt.

Neapel, im Sommer 2016 Christoph Markschies

Inhalt

Athanasius von Alexandrien auf dem Konzil von Florenz —— 1
    Vorbemerkung —— 1
1   Athanasius von Alexandrien als Zeuge einer lateinischen Trinitätslehre —— 3
2   Die lateinische Rezeption des Athanasius von Alexandrien —— 8
3   Athanasius als Zeuge für die lateinische Pneumatologie —— 13
4   Das Konzil von Ferrara/Florenz —— 15

Personenregister —— 29

Sachregister —— 31

Athanasius von Alexandrien auf dem Konzil von Florenz

Vorbemerkung

Hans Lietzmann hat mich seit meinem ersten Semester an der Theologischen Fakultät der Berliner Humboldt-Universität vor nun bald einem halben Jahrhundert begleitet, als ich damals – dazu von Alfred Raddatz aufgefordert, der zu jener Zeit Assistent am Christlich archäologischen Seminar war, bis er 1971 einem Ruf an die Wiener Universität folgte[1] – Hans Lietzmanns *Geschichte der alten Kirche*[2] regelrecht verschlungen hatte. Im Dekanat der Theologischen Fakultät, das sich damals noch im Hauptgebäude der Universität Unter den Linden befand, hing ein Bild von ihm, bis es dann Ende der sechziger Jahre als das Bild eines reaktionären bürgerlichen Professors auf Betreiben von vor allem der damaligen Vertreterin des Faches Kirchengeschichte, Rosemarie Müller-Streisand, zusammen mit Bildern einiger anderer bürgerlicher und nun als reaktionär angesehener Berliner Theologen des 19. und frühen 20. Jahrhunderts entfernt werden musste. Im Schutt einer heruntergefallenen Decke im noch weithin zerstörten Dom, in dem damals das theologische Seminar untergebracht war, habe ich es zufällig wiedergefunden; über viele Jahre hing es dann in meinen jeweiligen Dienstzimmern in Tübingen, Heidelberg und Erlangen. Inzwischen habe ich es auf Wunsch von Christoph Markschies der Berliner Theologischen Fakultät zurückgegeben.[3]

Was hieß aber damals an der Humboldt-Universität eigentlich „reaktionär"?

Bei der Suche nach patristischen Dissertationen aus den letzten Jahren vor dem Ersten Weltkrieg bin ich durch reinen Zufall vor einiger Zeit darauf gestoßen, dass Carola Barth in der Evangelischen Theologie in Deutschland überhaupt als die erste Frau 1908 in Jena aufgrund einer von Hans Lietzmann angeregten und

---

[1] Hanns Christof Brennecke, „Monumente und Texte – Der Weg eines Kirchenhistorikers von Berlin nach Wien. Zum Gedenken an Alfred Raddatz (1928–2006)," *Wiener Jahrbuch für Theologie* 8 (2010): 425–436.

[2] Hans Lietzmann, *Geschichte der Alten Kirche*. Band I–IV (Berlin: De Gruyter, 1932–1944). Der letzte unvollendete Band war 1944 postum erschienen. Das Werk erschien auch nach dem Zweiten Weltkrieg in mehreren unveränderten Nachdrucken. Eine 5./6. (Bd. I) Auflage erschien 1999 mit einem ausführlichen Vorwort von Christoph Markschies.

[3] Hanns Christof Brennecke, „Odyssee eines Bildes oder die etwas anderen Erinnerungen eines Berliner Theologiestudenten an das Jahr 1968," *Berliner Theologische Zeitschrift* 32 (2015): 183–199.

DOI 10.1515/9783110468984-001

betreuten Arbeit zum Dr. theol. promoviert worden ist.⁴ Das passt nun nicht unbedingt zum Bild eines „reaktionären" deutschen Professors im wilhelminischen Zeitalter und würde ihn heute eher adeln.

Viel wichtiger aber ist für mich, dass ich mit dem Thema dieser Vorlesung nun aber unmittelbar an ein von Hans Lietzmann einst an der Preußischen Akademie der Wissenschaften begonnenes Editionsprojekt anknüpfen kann.

Gegen den Widerstand des greisen Adolf von Harnack hatte Hans Lietzmann gemeinsam mit Eduard Schwartz das Projekt der ersten kritischen Edition der Werke des Athanasius von Alexandrien an der Preußischen Akademie der Wissenschaften zu etablieren versucht.⁵ Er konnte es – allerdings erst nach Harnacks Tod im Jahre 1930 – als ein deutsch-amerikanisches Gemeinschaftsprojekt⁶ durchsetzen und dann auch gemeinsam mit Eduard Schwartz, der inzwischen Mitglied der Preußischen Akademie der Wissenschaften geworden war,⁷ energisch vorantreiben. Durch den Zweiten Weltkrieg kam die Zusammenarbeit mit den Amerikanern zum Erliegen.⁸ Nach dem Tod seines Schülers Hans-Georg Opitz 1941 und nachdem Hans Lietzmann selbst am 25. Juni 1942 und Eduard Schwartz schon 1940 verstorben waren, stagnierte diese wichtige Edition für viele Jahre. Sie war sicher auch ein Opfer der politischen Entwicklungen nach 1945. Ich hoffe allerdings – gemeinsam mit dem Berliner Kollegen Dietmar Wyrwa – dass dieses einst

---

4 Hanns Christof Brennecke, „'Patristik' oder 'altchristliche Literaturwissenschaft'? Eine historische Leitwissenschaft der protestantischen Theologie in Deutschland am Beginn des 20. Jahrhunderts," *Zeitschrift für antikes Christentum* 15 (2011): 7 – 46. Zu Carola Barth (1879 – 1959), die in der Weimarer Republik und dann wieder nach dem Zweiten Weltkrieg eine wichtige Rolle in der Schulpolitik in Frankfurt/Main gespielt hat, vgl. Dagmar Henze, *Zwei Schritte vor und einer zurück: Carola Barth – eine Theologin auf dem Weg zwischen Christentum und Frauenbewegung*. Neukirchener theologische Dissertationen und Habilitationen 2. Neukirchen-Vluyn: Neukirchener, 1996; Harald Schroeter-Wittke, „Die andere Barth. Religionspädagogische Ansichten zum fehlenden Bild von Carola Barth (1879 – 1959)," in *Theologie als Vermittlung. Bonner evangelische Theologen des 19. Jahrhunderts im Porträt. Friedrich Wintzer zum 70. Geburtstag*, hg.v. Reinhard Schmidt-Rost/Stephan Bitter/Martin Dutzmann (Rheinbach: CMZ, 2003): 241– 247.
5 Hanns Christof Brennecke/Annette von Stockhausen, „Die Edition der 'Athanasius Werke'," in *Erlanger Editionen. Grundlagenforschung durch Quelleneditionen: Berichte und Studien*, hg.v. Helmut Neuhaus (Erlanger Studien zur Geschichte 8; Erlangen/Jena: Palm und Enke, 2009): 151– 170.
6 Kirsopp Lake und sein Schüler Robert P. Casey waren schon 1929 mit dem Projekt einer kritischen Edition der Schriften des Athanasius an die Preußische Akademie herangetreten.
7 Christoph Markschies, „Eduard Schwartz und die Kirchengeschichte," in *Crux interpretum. Ein kritischer Rückblick auf das Werk von Eduard Schwartz*, hg.v. Uta Heil/Annette von Stockhausen (Texte und Untersuchungen zur Geschichte der altchristlichen Literatur 176; Berlin/Boston: De Gruyter, 2015): 1 – 16.
8 Brennecke/von Stockhausen, „Edition der 'Athanasius Werke'", 199 – 162.

so energisch begonnene Projekt in den nächsten Jahren – wenn auch etwas anders als ursprünglich geplant – abgeschlossen werden kann.[9]

1 Athanasius von Alexandrien als Zeuge einer lateinischen Trinitätslehre

Die erste auf die Benutzung von Handschriften gestützte, allerdings noch vorkritische Edition der Schriften des alexandrinischen Patriarchen von den Maurinern Bernard de Montfaucon und Jacques de Lopin, die 1698 in Paris in 2 Bänden erschien[10] und (meist allerdings in dem ziemlich fehlerhaften Nachdruck von Jaques-Paul Migne[11]) bis heute noch unverzichtbar ist, enthielt bereits auch eine erhebliche Anzahl von Pseudathanasiana, die schon in den byzantinischen Sammlungen mit den echten Schriften des Athanasius zusammen überliefert worden waren.[12] Nur einige wenige dieser Pseudathanasiana sind bis heute ei-

---

9 Inzwischen liegen vor: *Athanasius Werke* I 1: *Die dogmatischen Schriften*, Lieferung 1–5, hg.v. Martin Tetz und Dietmar Wyrwa (Berlin/New York: De Gruyter, 1996–2016); *Athanasius Werke* II: *Die Apologien*, Lieferung 1–7, hg.v. Hans-Georg Opitz (Berlin: De Gruyter, 1935–1941); Lieferung 8, hg.v. Hanns Christof Brennecke/Uta Heil/Annette von Stockhausen (Berlin/New York: De Gruyter, 2006); *Athanasius Werke* III 1, *Urkunden zur Geschichte des arianischen Streites*, Lieferung 1–2, hg.v. Hans Georg Opitz (Berlin: De Gruyter, 1934–1935); *Dokumente zur Geschichte des arianischen Streites*, Lieferung 3, hg.v. Hanns Christof Brennecke/Uta Heil/Annette von Stockhausen/Angelika Wintjes (Berlin/New York: De Gruyter, 2007); Lieferung 4, hg.v. Hanns Christof Brennecke/Annette von Stockhausen/Christian Müller/Uta Heil/Angelika Wintjes (Berlin/Boston: De Gruyter, 2014). Die 5. und 6. Lieferung, mit der das Werk abgeschlossen sein wird, befinden sich in Vorbereitung.
10 Τοῦ ἐν ἁγίοις Πατρὸς ἡμῶν Ἀθανασίου Ἀρχιεπ. Ἀλεξανδρείας τὰ εὑρισκόμενα πάντα. *Sancti Patri nostri Athanasii Archiep. Alexandrini Opera omnia quae extant vel quae ejus nomina circumferuntur, Ad mss codices Gallicanos, Vaticanos &c. necnon ad Commelinianas lectiones castigata, multis aucta: nova Interpretationa Praefationibus, Notis variis lectionibus illustrata: nova Sancti Doctoris vita, Onomastico, & copiosissimis Indicibus locupletata. Opera & studio Monachorum Ordinis S. Benedicti e congregatione Sancti Mauri (Bernhardi Montfaucon et Jacobi Loppin)* (Parisiis: Sumptibus Joannis Arnisson, 1698), fol. 1698. Zu dieser Edition vgl. Benoît Gain, „L'édition de saint Athanase par Montfaucon (1698) Genèse, m'thodes et résultats," *Sacris Erudiri* 44 (2005): 77–92; ders., „La préparation des Opera omnia d'Athanase d'apres une lettre de Montfaucon (1692) récemment acquise par la Bibliothèque Sainte-Geneviève," in *Epiphania. Études orientales, grecques et latines offertes à Aline Pourkier*, ed. Estelle Oudot/Fabrice Poli (Nancy: A.D.R.A., 2008): 117–129; Annette von Stockhausen, „Textüberlieferung: Handschriften und frühe Drucke," in *Athanasius Handbuch*, hg.v. Peter Gemeinhardt (Tübingen: Mohr Siebeck, 2011): 2–8.
11 Vgl. *Patrologia Graeca* 25–28 (Paris 1857–1887).
12 Hans-Georg Opitz, *Untersuchungen zur Überlieferung der Schriften des Athanasius* (Arbeiten zur Kirchengeschichte 23; Berlin/Leipzig: De Gruyter, 1935); v. Stockhausen, „Textüberlieferung".

nigermaßen historisch zu verorten. In den letzten Jahrzehnten sind verschiedene Versuche unternommen worden, einige von diesen Schriften auch bestimmten Autoren zuzuordnen.[13] Interessanterweise hatten schon die beiden Herausgeber des 17. Jahrhunderts mehrere dieser unter dem Namen des Athanasius überlieferten Schriften als Pseudepigraphen erkannt.[14]

Hans Lietzmann und sein Schüler Hans-Georg Opitz wollten – hier methodisch sicher von Eduard Schwartz' Edition der Akten der ökumenischen Konzilien angeregt[15] – im Grunde ebenfalls die wichtigsten byzantinischen Sammlungen von Athanasiusschriften edieren,[16] unter ihnen auch die in diesen Sammlungen überlieferten Pseudathanasiana – dazu ist es leider bis heute noch nicht gekommen. Eine kritische Edition der unter dem Namen des Athanasius von Alexandrien überlieferten Pseudepigaphen ist ein dringendes Desiderat und würde das Bild der Literaturgeschichte des antiken Christentums aller Wahrscheinlichkeit nach in erheblichem Ausmaße verändern.

Erst diese Pseudathanasiana, also dem alexandrinischen Patriarchen in der Überlieferung fälschlich zugeschriebenen Schriften, können aber die ganz unterschiedlichen Rezeptionen dieses alexandrinischen Patriarchen und Kirchenvaters durch die Jahrhunderte und in ganz verschiedenen Kulturkreisen erhellen.

Das Frontispiz der Ausgabe von Montfaucon und Lopin (Abb. 1) sagt einiges über die Sicht der Mauriner zu Beginn der Neuzeit aus: Athanasius ist dargestellt als eine Art christlicher Philosoph, vom heiligen Geist erleuchtet. Im Unterschied zu allen anderen Bildern des Athanasius in frühneuzeitlichen Ausgaben seiner Schriften, die es schon fast seit Einführung des Buchdruckes gab,[17] treten die

---

13 Hanns Christof Brennecke, „Zum Stand der Athanasius-Forschung am Beginn des 21. Jahrhunderts," in *Athanasius Handbuch*, hg.v. Peter Gemeinhardt (Tübingen: Mohr Siebeck, 2011): 8–18.
14 von Stockhausen, „Textüberlieferung".
15 *Acta Concilia Oecumenicorum*, hg.v. Eduard Schwartz (Berlin: De Gruyter, 1914ff.); vgl. Ekkehard Mühlenberg, „Die Edition der Acta Conciliorum Oecumenicorum (ACO)," in *Crux interpretum. Ein kritischer Rückblick auf das Werk von Eduard Schwartz*, hg.v. Uta Heil/Annette von Stockhausen (Texte und Untersuchungen zur Geschichte der altchristlichen Literatur 176; Berlin/Boston: De Gruyter, 2015): 97–109.
16 Opitz, *Untersuchungen*; von Stockhausen, „Textüberlieferung"; Annette von Stockhausen, „Einblicke in die Geschichte der 'Athanasius Werke'. Die Briefe Hans-Georg Opitz' an Eduard Schwartz," in *Von Arius zum Athanasianum. Studien zur Edition der „Athanasius Werke"*, hg.v. Annette von Stockhausen/Hanns Christof Brennecke (Texte und Untersuchungen zur Geschichte der altchristlichen Literatur 164; Berlin/New York: De Gruyter, 2010): 207–304. Die Briefe von Schwartz an Opitz sind – wie überhaupt ein erheblicher Teil des Nachlasses von Opitz – wohl infolge des Zweiten Weltkrieges verlorengegangen.
17 Eine Übersicht über die frühen Gesamtausgaben und Teilsammlungen der Schriften des Athanasius bietet Christel Butterweck, *Athanasius von Alexandrien. Bibliographie* (Abhandlungen

Zeichen seines bischöflichen Amtes, auf die man natürlich nicht verzichten konnte und sicher auch nicht wollte, hier ganz zurück. Der Bischof ist – eher ungewöhnlich für die Darstellung eines Bischofs – barhäuptig, also ohne bischöfliche Kopfbedeckung dargestellt. In der Hand hält er ein Textblatt, das ein wenig an eine Rolle erinnern und auf diese Weise in einem gewissen Gegensatz zu den am Boden liegenden Codices der von ihm bekämpften oder widerlegten Werke etlicher Häretiker wie Arius, Asterius, Manichaeus (=Mani) und Eunomius Verbindlichkeit, ja eine gewisse Kanonizität signalisieren soll. Daneben auf seinem Arbeitstisch auch die Heiligen Schriften des Alten und Neuen Testaments sowie die Schriften einiger anerkannter orthodoxer Väter der Kirche: Ignatius von Antiochien, Dionys von Rom, Dionys von Alexandrien – aber auch des Origenes! Der Text auf diesem Blatt, das Athanasius so in der Hand hält, dass der Betrachter mitlesen kann, ist sowohl dem Künstler als auch den Herausgebern der Ausgabe offensichtlich wichtig und auch leicht und gut lesbar. Die fehlenden Akzente sollen vermutlich einen archaischen Eindruck vermitteln: οἶδα γὰρ παρὰ τῷ θεῷ πατρὶ ὄντα τὸν υἱὸν τὴν πηγὴν τοῦ ἁγίου πνεύματος (Abb. 2).[18]

Es handelt sich um ein mit den heute zur Verfügung stehenden Hilfsmitteln natürlich schnell zu identifizierendes Zitat aus dem neunten Kapitel der in jener Edition mit veröffentlichten Schrift *de incarnatione et contra Arianos*,[19] die seit den Untersuchungen von Martin Tetz[20] heute nicht mehr als Schrift des Athanasius gelten kann, sondern vermutlich Marcell von Ancyra zuzuschreiben ist[21], damals aber völlig unbestritten von allen noch als echte Schrift des Athanasius angesehen wurde.

---

der Nordrhein-Westfälischen Akademie der Wissenschaften 90; Opladen: Westdeutscher Verlag, 1995), 29–154; vgl. Hanns Christof Brennecke, „Athanasius von Alexandrien in der abendländischen Rezeption bis zur Frühen Neuzeit," in *Patristic Tradition and Intellectual Paradigms in the 17th Century*, hg.v. Silke-Petra Bergjan/Karla Pollmann (Tübingen: Mohr Siebeck, 2010): 137–157 (dort auch Abbildungen der Frontispize einiger Editionen vor Montfaucon).
18 „Ich weiß, dass neben dem Gott Vater der Sohn die Quelle des heiligen Geistes ist."
19 *Clavis Patrum Graecorum* 2806. In dem heute leichter erreichbaren Nachdruck von Migne PG 26, 984–1024, das von den benediktinischen Herausgebern des 17. Jahrhunderts für das Frontispiz leicht abgewandelte Zitat col. 1000 A: οἶδε γὰρ παρὰ τῷ θεῷ πατρὶ ὄντα τὸν υἱὸν τὴν πηγὴν τοῦ ἁγίου πνεύματος. Durch den Wechsel des Verbs in die erste Person Singular erscheint im Frontispiz Athanasius als Sprecher, der den Ausgang des heiligen Geistes aus dem Vater und dem Sohn bekennt.
20 Martin Tetz, „Zur Theologie des Markell von Ankyra I," *Zeitschrift für Kirchengeschichte* 75 (1964): 217–270. Eine kritische Edition dieser Schrift gibt es bisher nicht. Montfaucon hatte in seiner *admonitio* (PG 26, 981–984) die Echtheit der Schrift gegen allerdings schon damals gelegentlich aufkommende Zweifel verteidigt.
21 Vgl. Klaus Seibt, *Die Theologie des Markell von Ankyra* (Arbeiten zur Kirchengeschichte 59; Berlin/New York: De Gruyter, 1994).

Abb. 1: Athanasius von Alexandrien (1698). Sancti patris nostri Athanasii Archiepiscopi Alexandrini opera..., Paris 1698 (UB Erlangen)

Abb. 2: Ausschnitt aus Abb. 1

Mit diesem Zitat, das die Herausgeber Montfaucon und Lopin ihrer Edition der Schriften des Athanasius geradezu programmatisch vorangestellt haben, erscheint der alexandrinische Patriarch als ein Vertreter der letztlich auf Augustin zurückgehenden abendländischen Trinitätslehre und vor allem der Einfügung des *filioque* in das Bekenntnis des Zweiten Ökumenischen Konzils von 381.[22] Bekanntlich war diese zuerst auf der westgotischen VIII. Synode von Toledo 653[23] bezeugte und in karolingischer Zeit im Westen allgemein üblich gewordene[24] Einfügung des *filioque* in das Nicaeno-constantinopolitanische Bekenntnis zwischen griechischer und lateinischer Kirche umstritten und hatte bei der Kirchenspaltung des 11. Jahrhunderts und seither bei allen Bemühungen um die Kircheneinheit eine wichtige Rolle in den theologischen Kontroversen zwischen griechischer und lateinischer Kirche gespielt.[25]

Das Frontispiz dieser eigentlich doch sich wissenschaftlich verstehenden ersten kritischen Edition der Schriften des Alexandriners führt so mitten hinein in eine höchst spannende Rezeptionsgeschichte des alexandrinischen Patriarchen in der abendländischen lateinischen Kirche.[26]

---

22 Vgl. Bernd Oberdorfer, *Filioque. Geschichte und Theologie eines ökumenischen Problems* (Göttingen: Vandenhoeck und Ruprecht, 2001); Peter Gemeinhardt, *Die Filioque-Kontroverse zwischen Ost- und Westkirche im Frühmittelalter* (Arbeiten zur Kirchengeschichte 82; Berlin/New York: De Gruyter, 2002).
23 José Orlandis/Domingo Ramos-Lisson, *Die Synoden auf der iberischen Halbinsel bis zum Einbruch des Islam (711)* (Paderborn/München/Zürich/Wien: Schöningh, 1981), 205 f. Inhaltlich ist diese Position in der westgotische Kirche seit der Konversion der Westgoten zum Katholizismus und der dritten Synode von Toledo (589) auf nahezu allen westgotischen Synoden bezeugt.
24 Oberdorfer, *Filioque*, 129–150; Gemeinhardt, *Die Filioque-Kontroverse*, 41–165. In die römische Liturgie wurde diese Erweiterung des Bekenntnisses von Nicaea-Konstantinopel erst im 11. Jahrhundert übernommen; vgl. Wolf-Dieter Hauschild, „Nicäno-Konstantinopolitanisches Glaubensbekenntnis," Theologische Realenzyklopädie 24 (Berlin/New York: De Gruyter, 1994): 444–456.
25 Dazu die umfangreichen Untersuchungen von Oberdorfer und Gemeinhardt.
26 Zur abendländische Rezeptionsgeschichte des Athanasius vgl. Christian Müller, „Das Phänomen des 'lateinischen Athanasius'," in *Von Arius zum Athanasianum. Studien zur Edition der „Athanasius Werke"*, hg.v. Annette von Stockhausen/Hanns Christof Brennecke (Texte und Untersuchungen zur Geschichte der altchristlichen Literatur 164; Berlin/New York: De Gruyter, 2010): 3–42; ders., „Lateinische Übersetzungen," in *Athanasius Handbuch*, hg.v. Peter Gemeinhardt (Tübingen: Mohr Siebeck, 2011): 378–384; Volker Leppin, „Der Westen (Rezeption)," ebenda, 421–425; Brennecke, „Athanasius von Alexandrien in der abendländischen Rezeption". Christian Müller bereitet eine umfassende Untersuchung zur lateinischen Rezeption des Athanasius vor.

2 Die lateinische Rezeption des Athanasius von Alexandrien

Das Besondere an der Rezeption des Athanasius im Grunde seit seinem Tod am 2. Mai 373[27] durch die Spätantike und das Mittelalter ist nun, dass diese Rezeption in vor allem vier völlig unterschiedenen Sprach- und Kulturkreisen stattgefunden hat, wobei je nicht nur ganz unterschiedliche echte Schriften des Athanasius wichtig und rezipiert wurden, sondern auch ganz verschiedene ihm zugeschriebene Schriften. Dabei zeigt die Rezeptionsgeschichte des Athanasius zwischen Byzanz, dem Westen und den orientalischen Kirchen große Unterschiede.[28]

Die wichtigste Rezeption fand natürlich in der byzantinisch-griechischen Überlieferung statt, wie die großen byzantinischen Handschriftencorpora zeigen, ganz abgesehen überhaupt von der Rolle des Athanasius als Heroe der byzantinischen Rechtgläubigkeit.

Neben der griechischen Rezeption finden wir eine ebenfalls sehr breite Rezeption in den orientalischen christlichen Überlieferungen, wobei die armenische und die koptische herausragen. Seit Mitte des fünften Jahrhunderts wird Athanasius hier nun zum Zeugen gegen Byzanz und vor allem gegen die christologische Definition der Synode von Chalkedon und für die entstehenden antichalkedonensischen Kirchen des Orients geradezu identitätsstiftend.

Eine sehr eigene Rezeption des Athanasius lässt sich nun im lateinischen Abendland beobachten.

Als Teilnehmer der Synode von Nicaea und auch durch fünf Exile nicht zu beugender Heroe der nizänischen Rechtgläubigkeit war Athanasius auch im lateinischen Westen immer bekannt gewesen. Schließlich hatte er zwei seiner insgesamt fünf Exile im Westen und vor allem das zweite Exil von 340 – 346 teilweise

---

27 Vgl. *Historia acephalaia* 5,14 (*Histoire acéphale et Index syriaque des lettres festales d'Athanase d'alexandrie*, ed. Annik Martin/Micheline Albert [SC 317], Paris: Cerf, 1985, 168); *Index epistularum festivalium* XLV (ebenda, 276).
28 Vgl. „D. Wirkung und Rezeption," in *Athanasius Handbuch*, hg.v. Peter Gemeinhardt (Tübingen: Mohr Siebeck, 2011): 345 – 463 (mit Beiträgen von Markus Vinzent, Peter Gemeinhardt, Patrick Andrist, Benjamin Gleede, Christian Müller, Ekkehard Mühlenberg, Volker Henning Drecoll, Bernd Witte, Karl Pinggéra, Anahit Avagyan, Volker Leppin, Hanns Christof Brennecke, Karin Krause und Klaus Fitschen). Zur armenischen Rezeption vgl. Anahit Avagyan, „Die armenische Athanasius-Überlieferung," in *Von Arius zum Athanasianum. Studien zur Edition der „Athanasius Werke"*, hg.v. Annette von Stockhausen/Hanns Christof Brennecke (Texte und Untersuchungen zur Geschichte der altchristlichen Literatur 164; Berlin/New York: De Gruyter, 2010): 43 – 59; dies., *Die armenische Athanasius-Überlieferung. Das auf Armenisch unter dem Namen des Athanasius von Alexandrien tradierte Schrifttum* (Patristische Texte und Studien 69; Berlin/Boston: De Gruyter, 2014).

in Rom und in engem Kontakt mit Rom verbracht.[29] Er und Marcell von Ancyra hatten den Westen veranlasst, seine Position im arianischen Streit zu bestimmen. 340/41 hatte eine römische Synode demonstrativ gegen seine Verurteilung auf der Synode von Tyrus im Jahre 335 und die seither erfolgten mehrfachen Wiederholungen dieser Verurteilung auf verschiedenen östlichen Synoden protestiert und den im Osten abgesetzten und nach Rom geflüchteten in die Kirchengemeinschaft aufgenommen.[30] Nachdem zu Beginn der fünfziger Jahre Constantius erneut gegen Athanasius vorgehen wollte, hatte Liberius, der Nachfolger des Julius auf der *cathedra Petri*, sich bei Constantius II. für Athanasius eingesetzt und eine Synode zur Behandlung des Falles des Athanasius gefordert. Wegen ihrer Weigerung, die Verurteilung des Athanasius zu unterschreiben, hatten einige westliche Bischöfe (Euseb von Vercelli, Lucifer von Calaris, Dionys von Mailand, Paulinus von Trier) ins Exil gehen müssen, etwas später dann auch noch Liberius von Rom.[31] So war besonders in den fünfziger Jahren des vierten Jahrhunderts während des Jahrzehnts der Alleinherrschaft Kaiser Constantius' II. der Westen sehr direkt mit dem Fall des Athanasius konfrontiert worden.

Was aber kannte man im Westen von seinen Schriften? Seine Rolle in den theologischen und kirchenpolitischen Auseinandersetzungen des vierten Jahrhunderts war durch Rufins lateinische Fortsetzung der Kirchengeschichte des Euseb[32] und seit Ende des 6. Jh. auch durch die *historia tripartita*,[33] eine Zusam-

---

[29] Noch immer unverzichtbar sind die von 1904–1911 in den Nachrichten der Göttinger Akademie der Wissenschaften erschienenen Studien von Eduard Schwartz, jetzt: Eduard Schwartz, *Zur Geschichte des Athanasius*, hg.v. Walther Eltester und Hans-Dietrich Altendorf (Gesammelte Schriften 3; Berlin: De Gruyter, 1959); vgl. auch Martin Tetz, „Athanasius von Alexandrien," *Theologische Realenzyklopädie* 4 (Berlin/New York: De Gruyter, 1979): 333–349; Uta Heil, „Athanasius von Alexandrien," in *Lexikon der antiken christlichen Literatur*, hg.v. Siegmar Döpp/Wilhelm Geerlings (Freiburg/Basel/Wien: Herder ³2002): 69–76.
[30] Vgl. *Dokumente zur Geschichte des arianischen Streites*, hg.v. Hanns Christof Brennecke/Uta Heil/Annette von Stockhausen/Angelika Wintjes (Athanasius Werke III 1/3; Berlin/New York: De Gruyter, 2007), 137–175. Besonders wichtig der Brief einer römischen Synode an die führenden östlichen Bischöfe („Juliusbrief"), ebenda 156–175.
[31] Vgl. Hanns Christof Brennecke, *Hilarius von Poitiers und die Bischofsopposition gegen Konstantius II.* (Patristische Texte und Studien 26; Berlin/New York: De Gruyter, 1984), 3–195; *Dokumente zur Geschichte des arianischen Streites*, hg.v. Hanns Christof Brennecke/Annette von Stockhausen/Christian Müller/Uta Heil/Angelika Wintjes (Athanasius Werke III 1/4; Berlin/Boston: De Gruyter, 2014), 359–375.
[32] Rufin, *historia ecclesiastica X/XI* (GCS Eusebius 2/2, 957–1040 Mommsen/Winkelmann).
[33] Cassiodor / Epiphanius [Scholasticus], *historia ecclesiastica tripartite*, ed. Walter Jacob/Rudolf Hanslik (CSEL 71; Wien: Verlag der österreichischen Akademie der Wissenschaften, 1952). Zur Frage der Autorschaft vgl. Rudolf Hanslik, „Epiphanius Scholasticus oder Cassiodor?," *Philologus* 115 (1971): 107–113.

menstellung von Texten der drei wichtigen griechischen Kirchenhistoriker des fünften Jahrhunderts, Socrates, Sozomenus und Theodoret in einer lateinischen Übersetzung, die Epiphanius auf Cassiodors Anregung hin zusammengestellt hatte, bekannt und auch im Bewusstsein der lateinischen Kirche präsent geblieben.

Von seinen eigenen Werken war im lateinischen Westen eigentlich nur die *vita Antonii* wirklich bekannt und verbreitet, die schon zu seinen Lebzeiten in zwei lateinischen Übersetzungen erschienen war und großen Eindruck z. B. auf Hieronymus oder den jungen Augustin gemacht hatte.[34] Aber weder die wichtigen dogmatischen Schriften noch die von Hans-Georg Opitz so genannten Apologien lagen in einer lateinischen Übersetzung vor,[35] was angesichts der im Laufe des vierten Jahrhunderts deutlich abnehmenden Kenntnisse der griechischen Sprache im Westen eben bedeutete, dass Texte, von denen es keine lateinische Übersetzung gab, nicht rezipiert wurden.

Aus einer Veronenser Handschrift des siebenten Jahrhunderts kennen wir lateinische Übersetzungen einiger Briefe des Athanasius und eine wohl aus Alexandrien stammende *Historia Athanasii*[36] in einer lateinischen Übersetzung. Außer einigen wenigen Texten wie z. B. der *epistula ad Afros,* die an den Westen adressiert war, kannte man im Westen kaum etwas von ihm.[37] Da es im Westen auch keine materielle Erinnerung an Athanasius, kein Grab und keinen Kult gab, ist Athanasius auch nicht in die lateinische hagiographische Überlieferung eingegangen; die *legenda aurea* überliefert keine Vita von ihm.

In den theologischen und kirchenpolitischen Auseinandersetzungen im Vandalenreich zwischen römischen Katholiken und vandalischen „Arianern" haben nach unserer Kenntnis offenbar sowohl echte Schriften des Athanasius wie

---

34 Zu den beiden lateinischen Übersetzungen vgl. Müller, „Lateinische Übersetzungen", 381– 384; Augustinus, *confessiones* VIII 15 (CChr.SL. 27, 122,55–58 Verheijen). Hieronymus erwähnt die *vita Antonii* häufig (Pierre Courcelle, *Recherches sur les Confessions de s. Augustin* [Paris: É. de Boccard, 1950], 181–187 bezog die bei Augustin berichtete Episode auf Hieronymus).
35 Vgl. Müller, „Lateinische Übersetzungen"; eine (nicht ganz fehlerfreie) tabellarische Übersicht der spätantiken lateinischen Übersetzungen des Athanasius bei Gemeinhardt (Hg.), *Athanasius Handbuch*, 471.
36 *Codex Veronensis* LX; vgl. zu dieser Handschrift Eduard Schwartz, „Über die Sammlung des Codex Veronensis LX," *Zeitschrift für Neutestamentliche Wissenschaft* 35 (1936): 1–23, und Annik Martin in der Einleitung zu der von ihr besorgten kritischen Edition, *Histoire „acéphale"*, 11–136.
37 Athanasius, *epistula ad Afros,* in *Die Apologien*, hg.v. Hanns Christof Brennecke/Uta Heil/ Annette von Stockhausen (Athanasius Werke II 8; Berlin/New York: De Gruyter, 2006): 322–339; vgl. Annette von Stockhausen, *Athanasius von Alexandrien Epistula ad Afros. Einleitung Kommentar und Übersetzung* (Patristische Texte und Studien 56; Berlin/New York: De Gruyter, 2002).

auch ihm zugeschriebene eine Rolle gespielt, aber keine erkennbaren Spuren in der handschriftlichen Überlieferung hinterlassen.[38]

Deutlich ist jedenfalls, wie wenig im Grunde von seinem umfangreichen Werk im lateinischen Westen bis ins Hochmittelalter bekannt war.

Aus dem neunten oder zehnten Jahrhundert ist der *Codex Laurentianus S. Marco 584*[39] überliefert, eine umfangreiche Sammlung griechischer patristischer Schriften in einer lateinischen Übersetzung, in der sich auch eine kleine Sammlung von echten und unechten Schriften des Athanasius findet. Wahrscheinlich auf diese Handschrift direkt oder auf die ihr zugrunde liegende Sammlung von Athanasiana geht eine Reihe lateinischen Handschriften des 15. Jahrhunderts aus Italien zurück.[40] Die lateinischen Übersetzungen selbst scheinen dabei aber sehr früh zu sein und vielleicht noch aus der Spätantike zu stammen. Für die lateinische Athanasiusrezeption des Mittelalters ist diese Handschrift im Grunde völlig singulär. In ihr findet sich auch eine lateinische Übersetzung der pseudathanasianischen Schrift *de incarnatione et contra Arianos*,[41] aus der das Zitat stammt, das die Mauriner ihrer Edition gleichsam als eine Art Motto durch das Frontispiz vorangestellt hatten.

Eine ganz besondere Rolle spielen in der lateinischen Athanasiusrezeption aber einige original auf Lateinisch verfasste Schriften, von denen es keine griechische Vorlage gab und die dennoch Athanasius zugeschrieben wurden und in der älteren Forschung sogar eine Debatte über eventuelle Lateinkenntnisse des Athanasius hervorgerufen hatten. Sie müssen alle als Pseudepigrapha gelten.[42]

Interessant erscheinen in diesem Zusammenhang einige im Rahmen der pseudoisidorischen Dekretalen im ersten Drittel des 9. Jahrhunderts gefälschte Briefe zwischen Athanasius und verschiedenen römischen Päpsten des vierten

---

38 Uta Heil, *Avitus von Vienne und die homöische Kirche der Burgunder* (Patristische Texte und Studien 66; Berlin/New York: De Gruyter, 2011), 251–269.
39 Benoît Gain, *Traductions latines de Pères grecs: La collection du manuscrit Laurentianus S. Marco 584. Edition des lettres de Basile de Césarée* (Europäische Hochschulschriften XV 64; Bern u. a.: Peter Lang, 1994), 38–72. Die Handschrift stammt aus dem 9. oder 10. Jahrhundert.
40 Gain, *Traductions latines*; Frank Simon, „Athanasius latinus. Zur handschriftlichen Überlieferung einer frühen lateinischen Übersetzung von Athanasiana und Pseudathanasiana," in *Ariana et Athanasiana. Studien zur Überlieferung und zu philologischen Problemen der Werke des Athanasius von Alexandrien*, hg.v. Karin Metzler/Frank Simon (Abhandlungen der Rheinisch-Westfälischen Akademie der Wissenschaften 83; Opladen: Westdeutscher Verlag, 1991): 87–130.
41 Fol. 21^v–25^r; zur Überlieferung dieser heute als pseudathanasianisch gelten Schrift im Laurentianus S Marco 584 vgl. Gain, *Traductions latines*, 44–49.
42 Vgl. die Liste bei Gemeinhardt (Hg.), *Athanasius Handbuch*, 472. Zur Frage eventueller Kenntnisse der lateinischen Sprache vgl. Daniel Papebroch, *S. Athanasii vita ex ipsius et aliorum veterum scriptis collecta* (Acta Sanctorum Mai I) (Antwerpen, 1680), X §111.

Jahrhunderts.[43] Durch diese Texte wird Athanasius von Alexandrien, ohne Zweifel eine der wichtigsten Säulen der Orthodoxie überhaupt und unerschütterlicher Streiter wider den Wahren Glauben und gegen alle Häresien, zum griechischen Zeugen für einen römischen Primat.

Der wirkmächtigste der original lateinischen und Athanasius zugeschriebenen Texte ist aber ohne Zweifel das sogenannte *Symbolum quicunque,* das in der Überlieferung den Namen *Athanasianum*[44] angenommen hat, und das im 16. Jahrhundert dann auch in das Konkordienbuch – die Sammlung der lutherischen Bekenntnisschriften – eingegangen ist,[45] dessen Unechtheit allerdings schon seit dem 17. Jahrhundert feststeht. Es handelt sich dabei, wie Volker Henning Drecoll gezeigt hat, eher um eine Art Katechismus in vierzig Lernsätzen, der ganz von der augustinischen Tradition geprägt ist und vor allem auch in der Lehre vom heiligen Geist, der Pneumatologie, auf Augustin zurückgehend, den Ausgang des Heiligen Geistes aus dem Vater und dem Sohn lehrt: 23. *spiritus sanctus a patre et filio non factus nec creatus nec genitus sed procedens* – der heilige Geist ist vom Vater und dem Sohn, nicht gemacht, nicht geschaffen, nicht gezeugt, sondern hervorgehend.[46]

Nicht eindeutig zu lösen ist die Frage, wann und wo dieser Text entstanden ist. Manche Indizien sprechen für das Westgotenreich am Ende des sechsten oder zu Beginn des siebenten Jahrhunderts.[47] Noch unklarer ist, warum ein theologisch ganz an Augustin und der Augustinrezeption des fünften Jahrhunderts inhaltlich

---

43 *Clavis Patrum Graecorum* 2292 (= PG 28, 1445–1486); dazu Müller, „Das Phänomen des 'lateinischen Athanasius'," 29–31. Müller macht zurecht darauf aufmerksam, dass der Eintrag in der Clavis missverständlich ist.

44 *Clavis Patrum Graecorum* 2295 = *Clavis Patrum Latinorum* 167; Cutbert Hamilton Turner, „A Critical Text of the Quicumque Vult," *The Journal of Theological Studies* 1 (1910): 401–411; John Norman Davidson Kelly, *The Athanasian Creed* (London: A. & C. Black, 1964); Roger John Howard Collins, „Athanasianisches Symbol," *Theologische Realenzyklopädie* 4 (Berlin/New York: De Gruyter, 1979): 328–333; Volker Henning Drecoll, „Das Symbolum Quicumque als Kompilation augustinischer Tradition," *Zeitschrift für antikes Christentum* 11 (2007): 30–56; Hanns Christof Brennecke, „Athanasian Creed (Athanasianum/Symbolum quicunque)," in *The Oxford Guide to the Historical Reception of Augustine.* vol. 2, hg.v. Karla Pollmann (Oxford: Oxford University Press, 2013): 583–585.

45 Adolf-Martin Ritter, „Die altkirchlichen Symbole, Das Athanasianum," in *Die Bekenntnisschriften der Evangelisch-Lutherischen Kirche in Deutschland,* hg.v. Irene Dingel (Göttingen: Vandenhoeck & Ruprecht, 2014): 57–60; ders., „Athanasianum," in *Die Bekenntnisschriften der Evangelisch-Lutherischen Kirche in Deutschland. Quellen und Materialien I,* hg.v. Irene Dingel (Göttingen: Vandenhoeck & Ruprecht, 2014): 23–34.

46 Kelly, *Athanasian Creed*, 19; vgl. den Anm. 41 genannten Aufsatz von Drecoll und meinen ebenda genannten Artikel.

47 Brennecke, „Athanasian Creed"; Ritter, „Die altkirchlichen Symbole".

orientierter Text den Namen des Athanasius an sich gezogen hat. Deutlich ist, dass dieser sowohl die neunizänische Trinitätslehre, die Athanasius bekanntlich nie übernommen hat,[48] als auch die christologischen Beschlüsse der Synode von Chalkedon im Jahre 451 voraussetzende Katechismus vor allem im ersten Teil, der sich mit der Trinitätslehre befasst, eine deutlich antiarianische Stoßrichtung hat.[49] Es spricht manches dafür, dass dieser Text in den Kontext des Übertritts der Westgoten vom arianischen zum orthodoxen Bekenntnis zu den ersten vier ökumenischen Konzilien gehört, worauf inhaltliche Parallelen zu den Synodalbeschlüssen der Synode von Toledo 589 hindeuten, die diesen Konfessionswechsel im westgotischen Reich markiert.[50] Das würde auch erklären, warum dieser so ganz westliche, von der Theologie Augustins geprägte Text den Namen des unbeugsamen Kämpfers gegen allen Arianismus angenommen hat.

3 Athanasius als Zeuge für die lateinische Pneumatologie

Durch die Zuschreibung dieses Katechismus oder Bekenntnistextes an Athanasius von Alexandrien wurde er – und das ist für die Zukunft die wichtigste Funktion dieses Textes – zum Zeugen der theologisch auf Augustins Trinitätslehre zurückgehenden Einfügung des *filioque* in den Text des „Nicaenums", wie man das Bekenntnis von Konstantinopel von 381 längst nannte, das inzwischen auch zum liturgischen Messbekenntnis geworden war.[51]

Und damit wird in der lateinischen Tradition der alexandrinische Bischof und griechische Theologe Athanasius von Alexandrien zu einem wichtigen, wohl dem wichtigsten griechischen Zeugen für die lateinische, also westliche Lehre vom Heiligen Geist in den theologischen Auseinandersetzungen der Lateiner mit den Griechen, die natürlich mit dem Abbruch der Kirchengemeinschaft 1054 nicht aufgehört hatten.[52] Da dieser Text in der westlichen Überlieferung auch als von Papst Julius einst approbiertes Bekenntnis des Athanasius galt, das er angeblich

---

48 Tetz, „Athanasius von Alexandrien", 341 f: Heil, „Athanasius von Alexandrien", 73. Mit Meletius von Antiochien und den Meletianern hatte Athanasius bis zu seinem Tod keine Kirchengemeinschaft.
49 In der Edition von Kelly, *Athanasian Creed*, §§1–28.
50 Orlandis/Ramos-Lisson, *Synoden*, 95–117.
51 Zuerst in der Kirche des Westgotischen Reiches bezeugt; vgl. Wolf-Dieter Hauschild, „Nicäno-Konstantinopolitanisches Glaubensbekenntnis," *Theologische Realenzyklopädie* 24 (Berlin/New York: De Gruyter, 1994): 444–456.
52 Ferdinand R. Gahbauer, „Unionen II," *Theologische Realenzyklopädie* 34 (Berlin/New York: De Gruyter, 2002): 313–318; Giorgio Fedalto, „Union, kirchliche," *Lexikon des Mittelalters* VIII (München: LexMA-Verlag, 1997): 1240–1244.

anlässlich seiner Flucht nach Rom Julius und einer römischen Synode vorgelegt hatte, wurde Athanasius so auch zu einem wichtigen griechischen Zeugen für den Anspruch eines römischen Primats.⁵³ Der Nachteil allerdings war, dass die Griechen diesen Text nicht kannten und schon gar nicht als von Athanasius stammend ansahen.

In seiner bald nach dem Ende der Episode eines lateinischen Kaisertums von Konstantinopel und der Wiedererrichtung des byzantinischen Kaisertums im Jahre 1261 verfassten Schrift *Contra errores Graecorum* (*Gegen die Irrtümer der Griechen*)⁵⁴ zieht nun Thomas von Aquin auf fast jeder Seite Athanasiuszitate als Belege gegen die Griechen und hier vor allem gegen ihre Lehre vom heiligen Geist heran. Abgesehen vom *Athanasianum* beruft sich Thomas nun in allererster Linie und immer wieder auf einige Passagen der tatsächlich echten Briefe des Athanasius an Serapion,⁵⁵ in denen Athanasius über die Göttlichkeit des heiligen Geistes gehandelt hatte, und wo Athanasius in Auslegung von Joh 16,7 die Sendung des heiligen Geistes durch den Sohn behandelt:

> Ganz gewiss wird der Sohn vom Vater gesendet; denn „so", heißt es, „hat Gott die Welt geliebt, dass er seinen eingeborenen Sohn sandte". Der Sohn sendet den Geist, denn er sagt: „Wenn ich weggehe, werde ich den Tröster senden". Der Sohn verherrlicht den Vater, indem er sagt: „Vater, ich habe dich verherrlicht". Der Geist aber verherrlicht den Sohn: „Jener", sagt er, „wird mich verherrlichen". Der Sohn sagt: „Was ich vom Vater gehört habe, das sage ich auch zur Welt". Der Geist nimmt vom Sohne. „Von dem Meinigen", sagt er, „wird er nehmen und euch verkünden".⁵⁶

---

53 In der Konzilssammlung von Mansi wird das *Athanasianum*, im Zusammenhang der römischen Synode von 340 überliefert. Zur Approbation durch Papst Julius vgl. das *monitum* von Severin Binius (Giovanni Domenico Mansi, *Sacra Conciliorum Nova et Amplissima Collectio* II [Florenz, 1759], 1359/60); Cesare Baronius, *Annales ecclesiastici* IV, ed. Antonius Pagius (Lucca, 1739), 343 f. (dort der Text des Baronius mit einem Kommentar von Pagius, der inzwischen die Echtheit des Athanasianums ablehnt).
54 Thomas von Aquin, *Opuscula* I (Opera omnia Bd. 40; Rom, 1969).
55 Athanasius, *Epistulae I–IV ad Serapionem*, ed. Kyriakos Savvidis (Athanasius Werke I 1/4; Berlin/New York: De Gruyter, 2010).
56 Athanasius, *epistula ad Serapionem* I 20,5 (504 Savvidis): ἀμέλει ὁ μὲν υἱὸς παρὰ τοῦ πατρὸς ἀποστέλλεται· „οὕτω" γάρ, φησίν, „ὁ θεὸς ἠγάπησε τὸν κόσμον, ὥστε τὸν υἱὸν αὐτοῦ τὸν μονογενῆ ἀπέστειλεν". ὁ δὲ υἱὸς τὸ πνεῦμα ἀποστέλλει· „ἐὰν" γάρ, φησίν, „ἐγὼ ἀπέλθω, ἀποστελῶ τὸν παράκλητον". καὶ ὁ μὲν υἱὸς τὸν πατέρα δοξάζει λέγων· „πάτερ, ἐγώ σε ἐδόξασα". τὸ δὲ πνεῦμα δοξάζει τὸν υἱόν. „ἐκεῖνος" γάρ, φησίν, „ἐμὲ δοξάσει". καὶ ὁ μὲν υἱός φησιν· „ἃ ἤκουσα παρὰ τοῦ πατρός, ταῦτα καὶ λαλῶ εἰς τὸν κόσμον". τὸ δὲ πνεῦμα ἐκ τοῦ υἱοῦ λαμβάνει· „ἐκ τοῦ ἐμοῦ" γὰρ „λήψεται καὶ ἀναγγελεῖ ὑμῖν", φησί.

Woher kannte Thomas von Aquin die Serapionbriefe des Athanasius, von denen eine lateinische Übersetzung im Mittelalter bisher nicht bekannt und jedenfalls handschriftlich auch nicht bezeugt ist? Thomas bezieht sich hier auf eine auf Testimoniensammlung des Nikolaus von Cotrone, eines kalabrischen Bischofs griechischer Herkunft, dessen Testimoniensammlung aus griechischen Kirchenvätern auch ins Lateinische übersetzt war.[57] Interessanterweise benutzt Thomas nur die von Nikolaus angeführten Athanasiuszitate. Es ist zu vermuten, dass Thomas gar keine Schriften des Athanasius direkt gekannt und benutzt hat, sondern dass er sich ausschließlich auf diese Testimoniensammlung gestützt hat. Die im *Codex Laurentianus S. Marco 584* in lateinischer Übersetzung vorliegenden Schriften kannte er dagegen offensichtlich nicht, hat sie jedenfalls nicht herangezogen.

4 Das Konzil von Ferrara/Florenz

Die Unionsverhandlungen zwischen Lateinern und Griechen des Florentiner Konzils 1438/9[58] zeigen nun eine gegenüber bisherigen theologischen Auseinandersetzungen zwischen Lateinern und Griechen neue Qualität und Quantität in der Benutzung der griechischen Kirchenväter und vor allem auch des Athanasius von Alexandrien.

---

57 Antoine Dondaine, „Nicolas de Cotrone et les sources du Contra errores Graecorum de Saint Thomas," *Divus Thomas* 28 (1950): 313–340.
58 Angesichts der reichen Literatur, bei deren Benutzung keinerlei Vollständigkeit auch nur angestrebt werden konnte, sei hier nur auf wenige grundsätzliche Werke verwiesen. Die Dokumente sind ediert in der vom Päpstlichen Orientalischen Institut in Rom herausgegebenen Sammlung: *Concilium Florentinum, Documenta et scriptores*, Rom, 1940 ff.; vgl. außerdem: Joseph Gill, *The Council of Florence* (Cambridge: Cambridge University Press, 1959 [Reprint 2011]); ders., *Personalities of the Council of Florence and other Essays* (New York: Barnes & Noble, 1964); ders., *Konstanz und Basel-Florenz* (Geschichte der ökumenischen Konzilien IX; Mainz: Matthias-Grünewald, 1967), 259–365; ders., „Das Konzil von Florenz," *Theologische Realenzyklopädie* 5 (Berlin/New York: De Gruyter, 1980): 289–296; Hans-Jürgen Marx, *Filioque und Verbot eines anderen Glaubens auf dem Florentinum. Zum Pluralismus in dogmatischen Formeln* (Veröffentlichungen des Missionspriesterseminars St. Augustin bei Bonn 26; St. Augustin: Steyler, 1977); Giuseppe Alberigo (Hg.), *Christian Unity. The Council of Ferrara-Florence 1438/39–1989* (Bibliotheca Ephemeridum Theologicarum Lovaniensium 97; Leuven: Peeters, 1991); Johannes Helmrath, „Florenz und sein Konzil. Forschungen zum Jubiläum des Konzils von Ferrara-Florenz 1438/39–1989," *Annuarium Historiae Conciliorum* 29 (1997): 202–216; Sebastian Kolditz, *Johannes VIII. Palaiologos und das Konzil von Ferrara-Florenz (1438/39). Das byzantinische Kaisertum im Dialog mit dem Westen* I-II (Monographien zur Geschichte des Mittelalters 60; Stuttgart: Hiersemann, 2013–2014 [dort eine nahezu vollständige Bibliographie S. 665–745]).

Seit der Kirchenspaltung zwischen Ost und West hatte es immer wieder Bemühungen um die Wiederherstellung der Kircheneinheit gegeben, die aber immer gescheitert waren. Dass dabei die immer gefährlicher werdende politische Lage des byzantinischen Reiches eine nicht zu unterschätzende Rolle spielte, dürfte kaum verwunderlich sein.[59]

Im Vorfeld des 1431 noch von Martin V. nach Basel einberufenen Konzils,[60] das dann unter dem neuen Papst Eugen IV.[61] zusammentrat, hatte es schon Kontakte mit den Griechen gegeben, die aber aus vielerlei Gründen nicht zu Unionsverhandlungen geführt hatten.[62] Das Konzil hatte andere Probleme, die hier nicht im Einzelnen darzulegen sind, wie überhaupt die überaus verwickelte und spannende Geschichte dieses Konzils, seiner Spaltung, sowie der vielfältigen politischen Hintergründe weithin ausgeblendet bleiben müssen.

Die Griechen hatten verlangt, direkt mit dem Papst entweder in Italien oder sogar Konstantinopel zu verhandeln.[63]

Durch die Bulle *Doctoris gentium* vom 18. September 1437 und dann duch die Bulle *Pridem ex iustis* vom 30. Dezember 1438 hatte Papst Eugen IV. das Konzil von Basel nach Ferrara verlegt,[64] wo es am 8. Januar 1438 mit Dekreten gegen die in Basel Weitertagenden eröffnet wurde, die feierlich verurteilt wurden.[65] Im März desselben Jahres kam aus Venedig die insgesamt etwa siebenhundert Personen umfassende Delegation der Griechen, die nun ganz hochrangig besetzt war.[66] Angeführt wurde sie von Kaiser Johannes VIII. Palaiologos (1423–48)[67] und dem allerdings schon kranken Konstantinopler Patriarchen Joseph II., der während des Konzils verstarb.[68]

---

59 Gahbauer, „Unionen II"; Fedalto, „Union".
60 Johannes Helmrath, *Das Baseler Konzil 1431–1449. Forschungsstand und Problem* (Kölner historische Abhandlungen 32; Köln/Wien: Böhlau-Verlag, 1987); Gill, *Council*, 1–84; Gill, *Konstanz und Basel-Florenz*, 145–256.
61 Zu Eugen IV. vgl. Gill, *Personalities*, 35–44; Johannes Helmrath, „Eugen IV.," *Lexikon des Mittelalters* IV (München: Artemis & Winkler, 1989): 80–82.
62 Helmrath, *Das Baseler Konzil*, 372–383. Gill, *Council*, 46–84. Kolditz, *Johannes VIII. Palaoiologos*, 42–166.
63 Gill, *Konstanz und Basel-Florenz*, 259f.
64 *Epistulae pontificiae ad Concilium Florentinum spectantes* I, ed. Georgius Hofmann (Concilium Florentinum Documenta et Scriptores I 1–3; Rom: Pontificium Institutum Orientalium Studiorum, 1940–1946), 91–99 (Nr. 88: *Doctoris gentium*); 110–112 (Nr. 108: Pridem ex iusis).
65 *Epistulae pontificae* 2, 6–10 (Nr. 121: *Exposcit debitum*); Gill, *Council*, 95.
66 Gill, *Council*, 85–130. Kolditz, *Johannes VIII. Palaiologos*, 208–288
67 Zu Johannes VIII. Palaiologos vgl. Gill, *Personalities*, 104–124.
68 Zu Joseph II. vgl. Gill, *Personalities*, 15–34; Alice-Mary Talbot/Antony Cutler, eds., *The Oxford Dictionary of Byzantium* II (Oxford: Oxford University Press, 1991), 1073f.; Gerhard Podskalsky,

Sprecher der Griechen waren Markos Eugenikos,[69] der Metropolit von Ephesus, und Bessarion von Nicaea.[70] Eine wichtige und nicht unproblematische Rolle spielte auch Georges Gennadios Scholarios,[71] der Sekretär und Vertraute des Kaisers, später der erste Konstantinopeler Patriarch unter türkischer Herrschaft. Außerdem waren alle östlichen Patriarchate vertreten, später kam auch der Patriarch von Kiew.[72]

Angesichts der Anwesenheit sowohl des Papstes als auch des byzantinischen Kaisers sowie der übrigen hochrangigen Vertreter des byzantinischen Reiches und seiner Kirche ergaben sich übrigens hoch komplizierte und kaum lösbare Fragen hinsichtlich des Zeremoniells.[73] Auch die Finanzierung der ganzen Veranstaltung, für die der Papst zuständig war, und die ihn offensichtlich überforderte, blieb ein die eigentlichen theologischen Debatten belastendes Problem.[74]

In den theologischen Debatten zwischen Griechen und Lateinern ging es vorrangig um vier kontroverse Themen:
1. Die Frage nach dem Fegefeuer
2. Die Eucharistie
3. Der Primat des Papstes
4. Die auf Augustin zurückgehende Lehre vom Ausgang des Heiligen Geistes aus dem Vater und dem Sohn, und daraus folgend die seit den westgotischen Synoden des siebenten Jahrhunderts bezeugte und seit karolingischer Zeit im Westen verbindlich gewordene Einfügung des *filioque* (*Wir glauben an den*

„Joseph II. v. Konstantinopel," *Biographisch-bibliographisches Kirchenlexikon* III (Herzberg: Traugott Bautz, 1992): 690–692.
69 Hans-Georg Beck, *Kirche und theologische Literatur im byzantinischen Reich* (Handbuch der Altertumswissenschaften 12/2,1; München: C.H. Beck, 1959), 755–758; Gill, *Personalities*, 55–64; Alice-Mary Talbot, *The Oxford Dictionary of Byzantium* II, 742; Georgios Fatouros, „Markos Eugenikos," *Biographisch-bibliographisches Kirchenlexikon* 5 (Herzberg: Traugott Bautz, 1993): 847–850.
70 Beck, *Kirche und theologische Literatur*, 767–769; Gill, *Personalities*, 45–54; Alice-Mary Talbot, „Bessarion," *The Oxford Dictionary of Byzantium* I (Oxford: Oxford University Press, 1991): 285.
71 Gill, *Personalities*, 79–94; Beck, *Kirche und theologische Literatur*, 760–763; Alice-Mary Talbot, „Gennadios II. Scholarios," *The Oxford Dictionary of Byzantium* II (Oxford: Oxford University Press, 1991): 830.
72 Beck, *Kirche und theologische Literatur*, 765f.; Gill, *Personalities*, 65–78; Antony Cutler, „Isidor of Kiev," *The Oxford Dictionary of Byzantium* II (Oxford: Oxford University Press, 1991): 1015f.
73 Gill, *Council*, 142–144. Kolditz, *Johannes VIII. Palaiologos*, 286–354.
74 Die Probleme der Finanzierung der großen griechischen Delegation unter Führung des Kaisers und des Patriarchen durch den Papst durchzieht die gesamte Darstellung von Gill, *Concil*; vgl. auch ders., *Personalities*, 186–203; Kolditz, *Johannes VIII. Palaiologos*, 540–558.

Heiligen Geist, der Herr ist und lebendig macht, der aus dem Vater und dem Sohn hervorgeht) in das Nicaenum (Nicaeno-Constantinopolitanum).[75]

Nach einer einleitenden gemeinsamen Sitzung über das Fegefeuer[76] befaßten sich alle Sitzungen vom Oktober bis Mitte Dezember 1438 in Ferrara mit der Frage der Einfügung des *filioque* in das Nicaeno-Constantinopolitanum,[77] wobei sich die Argumente sehr oft wiederholten.

Die Griechen lehnten diese Hinzufügung zum Bekenntnis der einhundertfünfzig Väter von Konstantinopel vehement ab, weil das gegen die Beschlüsse der ökumenischen Konzile von Ephesus (431) und Chalkedon (451) verstieß, die jede Änderung am Bekenntnis ausdrücklich verboten hatten,[78] die Lateiner dagegen sahen in dieser Hinzufügung keine Veränderung der Beschlüsse der ökumenischen Konzile, sondern eine durch die geschichtliche Entwicklung seither notwendig gewordene und somit unverzichtbare Explikation des Bekenntnisses von 381.[79]

Da es sich um das Bekenntnis eines ökumenischen und so für beide Seiten absolut verbindlichen Konzils handelte, das eben auf den ebenfalls für beide Seiten – bekanntlich bis heute – verbindlichen ökumenischen Konzilen von Ephesus und Chalkedon als unveränderbar bestätigt worden war, spielten in den Debatten um das *filioque*, und das heißt, in den Debatten um den heiligen Geist, vor allem die griechischen Kirchenväter des vierten Jahrhunderts eine überragende Rolle, unter ihnen eben auch Athanasius von Alexandrien, der aber eben inzwischen im Westen durch das ihm zugeschriebene *Symbolum Athanasianum* längst zum Zeugen für die lateinische Auffassung über den Ausgang des Heiligen

---

75 Heinrich Denzinger/Peter Hünermann (Hg.), *Enchiridion symbolorum definitionum et declarationum de rebus fidei et morum / Kompendium der Glaubensbekenntnisse und kirchlichen Lehrentscheidungen* (Freiburg/Basel/Rom/Wien: Herder, [38]1999), Nr. 150 (dort die lateinische Fassung mit der Einfügung des *filioque* als Recensio latina!)
76 *Acta graeca Concilii Florentini* I–II, ed. Josephus Gill (Concilium Florentinum Documenta et Scriptores V 1–2 (Rom: Pontificium Institutum Orientalium Studiorum, 1953), 19–27; Gill, *Council*, 85–130.
77 *Acta graeca* I, 35–226; *Acta latina*, 34–133; Gill, *Council*, 131–179.
78 ACO I 1, 2, 12–13; I 1, 7, 105 f.; II 1, 2, 127–129.
79 Besonders wichtig hier die 3. sessio am 16. Oktober 1438 und die 4. sessio am 20. Oktober; vgl. *Acta graeca* I, 66–106; *Acta latina*, 43–46; Gill, *Council*, 147–152. Wichtig für die Diskussionen hier vor allem die griechischen Akten.

Geistes aus dem Vater und dem Sohn geworden war, was die Griechen zu akzeptieren nicht bereit waren.[80]

Die italienische Renaissance hatte nun allerdings völlig neue Voraussetzungen für eine Debatte zwischen Lateinern und Griechen geschaffen: Die griechischen Kirchenväter waren nun auch im griechischen Original im Westen immer besser bekannt. Am Vorabend der türkischen Eroberung Konstantinopels waren schon viele griechische Handschriften in den Westen gekommen. Die Renaissancetheologen im Umfeld der Kurie befassten sich inzwischen intensiv auch mit den griechischen Vätern. Insofern markiert das Konzil von Ferrara, das dann nach Florenz verlegt wurde, eine völlig neue Diskussionslage zwischen griechischem Osten und lateinischem Westen.

Den Ablauf der Verhandlungen zunächst in Ferrara, ab Februar 1439 dann in Florenz[81] kann man vor allem den griechischen Akten und den etwas später von Andreas von Santacroce angefertigten lateinischen Ablaufprotokollen am besten entnehmen. Die eigentlichen lateinischen Sitzungsprotokolle sind allerdings verloren[82].

Der Kaiser war vor allem an militärischer Hilfe gegen die Türken interessiert. Erst im Oktober 1438 kommt es zu dogmatischen Diskussionen, auf denen bis zum Ende der Sitzungen in Ferrara im Dezember seitens der Griechen vor allem eine Veränderung des Bekenntnisses mit Hinweis auf die ökumenischen Konzilien abgelehnt wird.

Kardinal Giuliano Cesarini, schon in Basel Konzilspräsident und Wortführer der Lateiner in Ferrara und dann auch Florenz,[83] gelingt es durch den Hinweis auf einen (nur lateinisch überlieferten) angeblichen Brief des Papstes Liberius an Athanasius von Alexandrien die Position der Lateiner zu stärken.[84] Nach diesem

---

80 Gelegentlich wird in den Debatten des Konzils von den Lateinern auch Augustin zitiert, der aber für die Griechen eben keine dogmatische Autorität war und deshalb keine wichtige Rolle bei den Konzilsdebatten gespielt hat.
81 Die acht dogmatischen Sitzungen in Florenz: *Acta graeca* II, 250–387, *Acta latina*, 135–194; vgl. Gill, *Council*, 180–222.
82 *Acta graeca* I, I–XCI; *Acta latina*, V–LIII; zur handschriftlichen Überlieferung der Konzilstexte vgl. Ernst Gamillscheg, „Das Konzil von Ferrara-Florenz und die Handschriftenüberlieferung," *Annuarium Historiae Conciliorum* 21 (1989): 297–316.
83 Gill, *Personalities*, 95–103; Erich Meuthen, „Cesarini, Giuliano, Kardinal (1398–1444)," *Lexikon des Mittelalters* II (München/Zürich: Artemis & Winkler; 1989): 1639f.
84 *Acta graeca* I, 176–187; *Acta latina*, 112–114; Gill, *Council*, 156f. Der pseudepigraphe Brief des Liberius an Athanasius (*Clavis Patrum Graecorum* 2292 = PG 28, 1469–1471) gehört in den Zusammenhang der pseudoisidorischen Fälschungen aus dem 9. Jahrhundert und zu dem von Ps.-Isidor angefertigten Briefwechsel des Athanasius mit verschiedenen Päpsten. Der Brief des Li-

Brief soll schon die Synode von Nicaea (325) alle Änderungen am Bekenntnis verboten haben,[85] was aber die Veränderungen durch die Synode von Konstantinopel, Ephesus und Chalkedon eben nicht betraf, weil es sich bei ihnen – wie eben nach Cesarini auch bei der Einfügung des *filioque* – nur um notwendig gewordene Präzisierungen gehandelt hatte. Das Konzil von Konstantinopel hatte eben das Bekenntnis von Nicaea präzisiert und nicht verändert, sonst könnte es kein ökumenisches Konzil sein. Interessanterweise hat dieser Hinweis auf einen Liberius zugeschriebenen Brief an Athanasius sowie die Tatsache der ohne jeden Zweifel orthodoxen vier ökumenischen Konzile, die nach griechischer Interpretation dann ja auch im Widerspruch zum Konzil von Nicaea hätten stehen müssen, Bessarion, den Wortführer der Griechen, überzeugt. Von nun an wurde er zum Verfechter der lateinischen Position, blieb nach dem Konzil sogar im Westen und wurde Kardinal der römischen Kirche.[86] Ebenso wechselte – allerdings erst später – der kaiserliche Sekretär Georges (später Gennadios) Scholarios die Seite.[87] Für die Griechen war dies natürlich eine fatale Situation. Markos Eugenikos, der Sprecher der Griechen verwies darauf, dass dieses angebliche Verbot schon des Konzils von Nicaea, den Text des Bekenntnisses der 318 Väter irgendwie zu verändern, in der griechischen Überlieferung unbekannt sei.[88] Nur mit Mühe konnte der Kaiser, der eben dringend militärische Hilfe gegen die herandringenden Türken brauchte, die Vertreter der byzantinischen Kirche zum Bleiben und dann zum Wechsel nach Florenz bewegen.[89]

Da die finanzielle Lage für den Papst höchst unerquicklich geworden war, verlegte er, nachdem Florenz sich zu finanzieller Unterstützung des Konzils bereitgefunden hatte, durch die Bulle *Decet oecumenici concilii* vom 10. Januar 1439 das Konzil nach Florenz.[90]

Vom 2.–24. März 1439 fanden hier nun acht Sessiones über die Frage nach dem Ausgang des heiligen Geistes statt,[91] bei denen die Väter der alten Kirche eine ganz hervorragende Rolle spielten.

---

berius ist als Antwort auf einen Brief des Athanasius an Liberius überliefert; vgl. dazu Müller, „Das Phänomen des 'lateinischen Athanasius'", 29–31.
85 PG 28, 1469 CD–1470 CD.
86 Gill, *Council*, 168.
87 Nach der Synode in Konstantinopel wechselte er erneut die Seite und vertrat wieder die antiunionistische griechische Position. Er wurde dann der erste Patriarch von Konstantinopel unter türkischer Herrschaft; vgl. Anm. 71.
88 *Acta latina*, 113.
89 Gill, *Council*, 188–186. Zur Rolle des Kaisers in den Verhandlungen und vor allem in der griechischen Delegation vgl. Kolditz, *Johannes VIII. Palaiologos*, 381–450.
90 *Epistulae pontificia* 2, 160 f. (Nr. 160).
91 Vgl. Anm. 81.

In allen acht dogmatischen Sessiones waren nur zwei Disputanten vorgesehen: Der Dominikaner Johannes von Montenero für die Lateiner, Markos Eugenikos, der Metropolit von Ephesus, für die Griechen. Da Johannes von Montenero kein Griechisch sprach, las der gelehrte Ambrogio Traversari[92] die von Montenero auf Lateinisch angeführten Zitate aus den griechischen Vätern auf Griechisch vor,[93] was einen großen Eindruck machte. Außer Athanasius spielen in diesen Debatten vor allem auch Zitate aus Basilius von Caesarea und Cyrill von Alexandrien neben anderen eine hervorragende Rolle.[94] Bei den Zitaten aus Athanasius ist auffällig, dass das für den Westen sonst so wichtige *Athanasianum*, das die Griechen nicht kannten und daher auch nicht akzeptierten, in den Debatten keine Rolle gespielt zu haben scheint.[95] Vor allem werden zunächst die bekannten wenigen Stellen aus den Briefen des Athanasius an Serapion immer wieder zitiert,[96] außerdem einige Schriften, die heute als Pseudathanasiana gelten müssen, damals aber von allen als echte Schriften des Alexandriners galten. Aus den sonstigen Schriften des Konzils, bei denen es sich um Zitatensammlungen und Argumentationshilfen einzelner Beteiligter handelt, scheint ziemlich eindeutig hervorzugehen, daß die Testimonien der griechischen Kirchenväter, die Thomas von Aquin aus der Testimoniensammlung des Nikolaus von Cotrone übernommen und in seiner Schrift *contra errores Graecorum* zusammengestellt hatte, auf der Seite der Lateiner zunächst eine wichtige Rolle gespielt haben. Es werden weithin dieselben Zitate aus echten oder heute als unecht angesehenen Athanasiusschriften herangezogen, die auch Thomas schon zitiert hatte. Inhaltlich interessant sind die manchmal ziemlich heftigen Antworten des Markos Eugenikos, der vor allem – und übrigens gar nicht mit so schlechten Gründen – die Interpretation der Serapionsbriefe im Sinne der lateinischen Lehre vom Hervorgehen des Geistes aus dem Vater und dem Sohn ablehnt und nicht ganz zu Unrecht darauf hinweist, dass es darum bei Athanasius gar nicht gehe, sondern grundsätzlich um die Frage

---

92 Vgl. P. Richard, „Ambroise Traversari," *Dictionnaire d'Histoire et de Géographie ecclésiastiques* II (Paris: Letouzey et Ané, 1914), 1127–1129.
93 Zu den Übersetzungen, die Traversari für das Konzil anfertigte vgl. Charles L. Stinger, *Humanism and the Church Fathers. Ambrogio Traversari (1386–1439) and Christian Antiquity in the Italian Renaissance*, Albany: State University of New York Press, 1977; ders., „Italian Renaissance Learning and the Church Fathers," in *The Reception of the Church Fathers in the West. From the Carolingians to the Maurists*, vol. 2, hg.v. Irina Backus (Leiden/New York/Köln; Brill, 1997): 488–491.
94 Vgl. die Stellenregister in den griechischen und lateinischen Akten.
95 In den Stellenregistern der griechischen und lateinischen Akten kommt dieser Text jedenfalls nicht vor.
96 Athanasius, *Epistula ad Serapion* I 20f.; vgl. das Stellenregister der griechischen und lateinischen Akten dazu.

nach der Göttlichkeit des Geistes.[97] Auch Markos Eugenikos beruft sich verschiedentlich auf heute als pseudathanasianisch geltende Schriften gegen die Lateiner.[98]

Besonders in der vierten sessio am 10. März 1439[99] und der abschließenden achten sessio am 24. März[100] haben die Zitate aus sowohl echten als heute als unecht geltenden Athanasiusschriften eine hervorragende Rolle gespielt. In der Abschlusssitzung am 24. März 1439 zitierte Johannes von Montenero aus einer in den Protokollen nicht namentlich genannten Schrift des Athanasius zu Psalm 35,10[101]: *Sciebat apud patrem esse filium spiritus sancti fontem; sicut fluvius procedit a fonte, et spiritus, qui vocatur filii, procedit a fonte Chriso,* ... was Traversari dann aus einer Handschrift auf Griechisch vorlas.[102]

Dieses Zitat aus der (wie wir heute wissen) pseudathanasianischen Schrift *de incarnatione et contra Arianos*, eben die lateinische Übersetzung des der Ausgabe der Mauriner der Schriften des Athanasius auf dem Frontispiz vorangestellten Textes, das der Stecher des Bildes grammatisch leicht verändert hatte, verfehlte seine Wirkung bei den Griechen nicht, war dieser Text doch auch für die Griechen hinsichtlich seiner Echtheit über jeden Zweifel erhaben. Der *Codex Laurentianus S. Marco 584* (L), aus dem hier Montenero aller Wahrscheinlichkeit nach zitiert, lag zur Zeit des Konzils in Florenz.[103] Auch Traversari benutzte eine der in Florenz vorliegenden griechischen Handschriften der Werke des Athanasius.[104] Von daher verwundert es auch nicht, dass Markos Eugenikos dieses Zeugnis des Athanasius für die lateinische Auffassung offenbar nicht zu widerlegen versucht hat. Bessarion hat dieses Zitat in seiner Schrift *de spiritus sancti processione*[105] nach dem

---

97 So vor allem in der 4. (nach den *Acta graeca* 5.) sessio am 10. März 1439; *Acta graeca* II, 318–339.
98 Z. B. Ps.-Athanasius, *contra Sabellianos* (Clavis Patrum Graecorum 2243 = PG 28, 96–121).
99 *Acta graeca* II, 318–339; *Acta latina*, 165–174.
100 *Acta graeca* II, 397–399; *Acta latina*, 209–222.
101 *Ps 35,10: quoniam apud te fons vitae in lumine tuo videbimus lumen.*
102 *Acta latina*, 213,13–15.
103 Simon, „Athanasius latinus", 98.
104 Traversari benutzte auf dem Konzil den *Codex San Marco 695* (F), der ebenfalls aus dem Besitz Niccolis stammt; Opitz, *Untersuchungen*, 45–47; vgl. v. Stockhausen, „Praefatio", XXXVI. *De incarnatione et contra Arianos* f. 159ʳ–165ᵛ. Die Handschrift enthält auch die *epistulae ad Serapionem*, allerdings nicht zusammen, sondern an verschiedenen Stellen.
105 Bessarion Nicaenus, *de spiritus sancti processione ad Alexium Lascarin Philanthropium*, ed. Emmanuel Candal (Concilium Florentinum Documenta et Scriptores VII 2; Rom: Pontificium Institutum Orientalium Studiorum; 1961).

Konzil an vielen Stellen zitiert und im Sinne der inzwischen von ihm vertretenen lateinischen Theologie interpretiert.[106]

Auch Gennadios Scholarios, der nach seiner Rückkehr nach Konstantinopel wieder umschwenkte und nun gegen jede Union mit den Lateinern die traditionelle griechische Auffassung vertrat, hat Jahre nach dem Konzil in seiner polemisch gegen die Lateiner gerichteten Schrift *de processu spiritus sancti I* sich intensiv mit diesem für ihn natürlich echten Athanasiuszitat auseinandergesetzt und zu zeigen versucht, dass die Interpretation der Lateiner falsch sei.[107]

Der weitere Verlauf des Konzils muss hier übergangen werden.[108] Durch den Tod des Patriarchen trat eine erhebliche Verzögerung ein, bis dann mit der Bulle *Laetentur coeli* am 6. Juli 1439 die Union zwischen Lateinern und Griechen feierlich proklamiert wurde.[109] Weder hat die Union gehalten noch wurde aus der militärischen Hilfe für das von den Türken bedrohte Konstantinopel viel, wie allgemein bekannt ist. Auch die in der zweiten Jahreshälfte geschlossenen Unionen mit den Armeniern und später den Kopten hatten bekanntlich keinen Bestand.[110]

Gerade hinsichtlich der Kenntnis des Athanasius hatte sich die Diskussionslage auf dem Konzil von Florenz gegenüber älteren Berufungen auf Athanasius nicht unerheblich verschoben. Bessarion hatte aus seinem Besitz einige griechische Athanasiushandschriften zum Konzil mitgebracht, die später nach Venedig gelangten.[111]

In Florenz war bis Mitte des 15. Jahrhunderts der Codex F (S. Marco 695) aus dem 13. Jahrhundert mit Schriften des Athanasius aus dem Besitz von Nicolai de Niccolis, den Ambrogio Traversari auf dem Konzil benutzt hatte.[112] Einige griechische Athanasiushandschriften aus dem Besitz Bessarions sind im 15. Jahrhundert, also im unmittelbaren Umfeld des Konzils, in Italien angefertigt worden. Vor allem von der von Traversari in Florenz benutzten Handschrift F sind noch im

---

106 Bessarion, *de spiritus sancti processione* IV 113–115 (81–84 Candal).
107 Gennadius Scholarius, *Tractatus de processu spiritus sancti* I 4 (in *Œuvres complètes de Georges* [Gennadios] *Scholarios* II, ed. Martin Jugie/Louis Petit/Xenophon Athanasios Siderides [Paris: Maison de la Bonne Presse, 1929], 176,26–28).
108 Gill, *Council*, 270–409.
109 *Epistulae pontificae* 2, 68–79 (Nr. 176); mit einer deutschen Übersetzung bei Denzinger/Hünermann, *Enchiridion symbolorum* Nr. 1300–1308.
110 Union mit den Armeniern die Bulle *Exultate deo* vom 22. November 1439, *Epistulae pontificae* 2, 123–138 (Nr. 224); Union mit den Kopten die Bulle *Cantate domino* vom 4. Februar 1442, epistulae pontificae 3, 45–65 (Nr. 258); Denzinger/Hünermann, *Enchiridion symbolorum*, Nr. 1330–1353. In beiden Unionsdekreten wird das *symbolum Athanasianum* als verpflichtende Glaubensnorm wörtlich zitiert, nicht dagegen in Bulle *Laetentur coeli*.
111 Z. B. die Codices N, M und 197; vgl. v. Stockhausen, „Praefatio", LIII, LX, LXVIIf.;
112 Opitz, *Untersuchungen*, 48–54; v. Stockhausen, „Praefatio", XXXVI.

15. vielleicht allerdings erst Anfang des 16. Jahrhunderts, Abschriften in Italien gemacht worden, die eine eigene Handschriftengruppe (φ) bilden.[113]

Von der in das neunte oder zehnte Jahrhundert zu datierenden Handschrift L (*Laurentianus San Marco 584*)[114] mit lateinischen Übersetzungen mehrerer Schriften des Athanasius, unter ihnen auch einige Pseudathanasiana und vor allem eben auch *de incarnatione et contra Arianos*, die dann mit großer Wahrscheinlichkeit auf der letzten dogmatischen Sitzung in Florenz eine nicht unwichtige Rolle gespielt hatte, sind mehrere in Italien im 15. Jahrhundert entstandene Handschriften mit lateinischen Übersetzungen von sowohl echten als auch von heute als unecht geltenden Werken des Athanasius abhängig.[115]

Im weiteren Umfeld des Konzils von Florenz, zumindest teilweise sicher auch als Folge des Konzils, entstanden jedenfalls in Italien eine ganze Reihe von sowohl griechischen Handschriften sowie lateinische Übersetzungen von Werken des Athanasius einschließlich einiger Schriften, die wir heute als Pseudathanasiana ansehen, an deren Authentizität aber niemand damals zweifeln konnte. So bietet sowohl die griechische als auch die lateinische handschriftliche Überlieferung der Werke des Athanasius überaus interessante Hinweise auf die Rezeption dieses Kirchenvaters im lateinischen Abendland am Ausgang des Mittelalters.

Die Rezeption des alexandrinischen Patriarchen Athanasius ist nun – das war deutlich geworden – zu einem wesentlichen Teil bestimmt von Schriften, die man ihm fälschlich zuschrieb, dabei nicht unwesentlich von Schriften, die überhaupt nur auf Lateinisch abgefasst worden waren, also keine Übersetzungen aus dem Griechischen waren, wie vor allem das besonders wirkmächtige *Symbolum Athanasianum*.

Das Konzil von Florenz in Verbindung mit dem neuen Interesse der italienischen Renaissancetheologen an der lateinischen und griechischen christlichen Antike markiert geradezu einen Höhepunkt, aber auch Neueinsatz in der Rezeption der griechischen Kirchenväter in der abendländischen lateinischen Kirche. Und dies gilt nun in ganz besonderer Weise für Athanasius von Alexandrien nach immerhin schon tausend Jahren einer allerdings sehr selektiven westlichen Rezeption dieses Kirchenvaters.

Der gelehrte Jesuit Daniel Papebroch berichtet in seiner für die Acta Sanctorum im 17. Jahrhundert zusammengestellten Vita des Athanasius, dass im Zusammenhang des Konzils von Florenz, ob kurz davor oder unmittelbar danach, ist nicht mehr sicher auszumachen, für Papst Eugen IV. von einem des Griechischen

---

113 V. Stockhausen, „Praefatio", XXXVI–XLV.
114 Vgl. Anm. 39.
115 Vgl. Anm. 40.

kundigen römischen Kleriker Johannes Aretinus aus der griechischen hagiographischen Tradition eine uns leider nicht überlieferte Athanasiusvita auf Lateinisch zusammengestellt worden war.[116]

Noch interessanter wurde Athanasius, als unmittelbar nach der Eroberung Konstantinopels durch die Türken seine Gebeine nach Venedig gebracht wurden und so nun auch im Westen ein eigener Athanasius-Kult entstehen konnte.[117]

Aber in erster Linie galt Athanasius im lateinischen Westen – auch nach dem Scheitern aller Unionsbemühungen – als der autoritative Zeuge für die lateinische abendländische Lehre vom heiligen Geist gegen die Griechen, als der Verfasser des *Symbolum Athanasianum* und anderer wie wir heute wissen, ihm zugeschriebener Schriften. Und so erscheint er von nun an auch in der Ikonographie ganz und gar als westlicher Bischof.

Von Luca Signorelli stammt das vermutlich gegen Ende des 15. Jahrhunderts entstandene, heute in Florenz in den Uffizien aufbewahrte Bild der Trinität, das Maria mit dem Jesuskind zeigt, flankiert von zwei heiligen Vätern der Kirche: Augustin und Athanasius (Abb. 2). Athanasius erscheint hier schon in der Kleidung ganz westlich, als Bischof der römischen Kirche bei der Niederschrift des für den Westen so wichtigen *Symbolum Athanasianum*. Der Anfang des Textes ist deutlich lesbar: *Quicunque vult salvus esse ante omnia opus est ut ten...*[118] (Abb. 3 und 4).

Daß hier zusammen mit Athanasius Augustin abgebildet wird, ist von besonderer Delikatesse. Schließlich ist es Augustins Theologie, die diesen Athanasius zugeschriebenen Text prägt; Augustin gleichsam als Stichwortgeber des Athanasius, der – dieser Eindruck drängt sich auf – Athanasius gerade diesen Text diktiert. All das war dem Künstler natürlich nicht bewusst, konnte ihm noch nicht bewusst sein, aber er hat es intuitiv erfasst. Athanasius wird hier nicht nur gleichsam den Griechen weggenommen, sondern geradezu zum Schüler des immerhin zwei Generationen jüngeren Augustinus.

Die Athanasiusrezeption des Konzils von Florenz kann und muss man wohl auch als einen Versuch einer Enteignung sehen, als einen Versuch der römischen Kirche, den Byzantinern, aber auch den Kopten und den anderen orientalischen Kirchen, ihren Athanasius förmlich wegzunehmen und zum Zeugen der eigenen Wahrheit und der daraus abgeleiteten Ansprüche zu machen. Der Erfolg hielt sich am Ende doch in Grenzen, wie die gescheiterten Unionsversuche deutlich machen.

---

116 Papebroch, *vita S. Athanasii* § 409.
117 Papebroch, *vita S. Athanasii* §§ 413–418. Zu Wundern nach der Translation seiner Gebeine nach Venedig die §§ 439–455.
118 Hier bricht der Text mitten im Wort *ten(eat)* ab, das Athanasius gerade schreibt.

Abb. 3: Luca Signorelli, Florenz, Uffizien (15. Jahrhundert). Scala archives, Florenz (Abb. 3+4 = Ausschnitte aus Abb. 3)

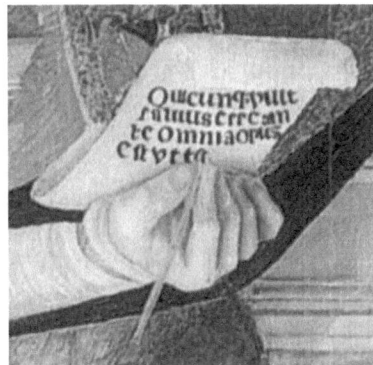

Abb. 4: Ausschnitte

Aber für die Kenntnis des Athanasius im Westen ist dieses Konzil der Schlüssel. Noch im selben Jahrhundert erschien dann eine erste – noch sehr unvollständige – lateinische Gesamtausgabe der Schriften des Alexandriners in Vicenza im Druck,[119] der durch das 16. Jahrhundert hindurch erstaunlich viele folgten,[120] bis dann 1600/1601 eine erste griechische Ausgabe (mit lateinischer Übersetzung) erschien – allerdings im inzwischen protestantischen Heidelberg.[121]

---

119 D. *Athanasii libri contra Arrianos et contra gentiles. Latine vertit Omnibonus Leonicenus. Ediderunt Petrus Brutus, episcopus Catharensis, et Barnabas Celsanus* (Vicentiae: a leonardo basilensi, 1482); vgl zu dieser ersten Druckausgabe von Schriften des Athanasius; *Athanasii Alexandrini Opuscula Omnibono Leoniceno interprete*, hg.v. Silvia Fiaschi (Il Ritorno dei Classici nell'Umanesimo III 2; Florenz: SISMEL – Edizioni del Galluzzo, 2006); Silvia Fiaschi, „Un codice del Bessarione alla base della 'princeps' die Atanasio nella versione di Ognibene da Lonigo," in *'Editiones principes' delle opere dei padri greci e latini*, ed. Mariarosa Cortesi (Firenze: SISMEL – Edizioni del Galluzzo, 2006): 205–230.
120 Butterweck, *Athanasius von Alexandrien*, 29–33, nennt elf Gesamtausgaben der Schriften des Athanasius in lateinischer Übersetzung von der Erstedition bis zur Editio Commeliniana.
121 Τοῦ ἐν ἁγίοις Πατρὸς ἡμῶν Ἀθανασίου Ἀρχιεπισκόπου Ἀλεξανδρείας τὰ εὑρισκόμενα ἅπαντα. B. *Athanasii Archiepiskopi Alexandrini Opera quae reperiuntur omnia (ex Ms. Codd. Basil. Cantabrig. Palatt. & aliis) in lucem data, cum interpretatione Latine Petri Nanni Alcmariani, & aliorum ubi illa desiderabatur. Accesserunt Fragmenta varia: Notae variarum lectionum: Index triplex* (Heidelbergae: Ex Officina Commeliniana, 1601; die sog. Editio Commeliana; vgl. Butterweck, *Athanasius von Alexandrien*, 33f. von Stockhausen, „Textüberlieferung", 7).

Personenregister

Alberigo, Giuseppe 15
Albert, Micheline 8
Altendorf, Hans-Dietrich 9
Andreas von Santacroce 19
Andrist, Patrick 8
Arius 4f., 7f.
Asterius 5
Athanasius von Alexandrien 1–13, 15, 18–25, 27
Augustin 6, 10, 12f., 15, 17, 19, 25
Avagyan, Anahit 8

Backus, Irina 21
Baronius, Cesare 14
Barth, Carola 1f.
Basilius von Caesarea 11, 21
Beck, Hans-Georg 17
Bergjan, Silke-Petra 5
Bessarion von Nicaea 17, 20, 22f., 27
Binius, Severin 14
Bitter, Stephan 2
Brennecke, Hanns Christof 1–5, 7–10, 12
Brutus, Petrus 27
Butterweck, Christel 4, 27

Candal, Emmanuel 22f.
Casey, Robert P. 2
Cassiodor 9f.
Celsanus, Barnabas 27
Cesarini, Giuliano 19f.
Collins, Roger John Howard 12
Constantius II. (Kaiser) 9
Cortesi, Mariarosa 27
Courcelle, Pierre 10
Cutler, Antony 16f.
Cyrill von Alexandrien 21

Denzinger, Heinrich 18, 23
Dingel, Irene 12
Dionys von Alexandrien 5
Dionys von Mailand 9
Dionys von Rom 5
Dondaine, Antoine 15
Döpp, Siegmar 9

Drecoll, Volker Henning 8, 12
Dutzmann, Martin 2

Eltester, Walther 9
Epiphanius Scholasticus 9f.
Eugen IV. (Papst) 16, 24
Eunomius 5
Euseb von Caesarea 9
Euseb von Vercelli 9

Fatouros, Georgios 17
Fedalto, Giorgio 13, 16
Fiaschi, Sivia 27
Fitschen, Klaus 8

Gahbauer Ferdinand R. 13, 16
Gain, Benoît 3, 11
Gamillscheg, Ernst 19
Geerlings, Wilhelm 9
Gemeinhardt, Peter 3f., 7f., 10f.
Georges Gennadios Scholarios 17, 20, 23
Gill, Joseph 15–20, 23
Gleede, Benjamin 8

Hanslik, Rudolf 9
Harnack, Adolf von 2
Hauschild, Wolf-Dieter 7, 13
Heil, Uta 2–4, 9–11, 13
Helmrath, Johannes 15f.
Henze, Dagmar 2
Hieronymus 10
Hilarius von Poitiers 9
Hofmann, Georg 16
Hünermann, Peter 18, 23

Ignatius von Antiochien 5
Isidor (Patriarch von Kiew) 17

Jacob, Walter 9
Johannes Aretinus 25
Johannes VIII. Palaiologos 15–17, 20
Johannes von Montenero 21f.
Joseph II. (Patriarch von Konstantinopel) 16f.

Jugie, Martin 23
Julius von Rom 9, 13 f.

Kelly, John Norman Davidson 12 f.
Kolditz, Sebastian 15–17, 20
Krause, Karin 8

Lake, Kirsopp 2
Leppin, Volker 7 f.
Liberius von Rom 9, 19 f.
Lietzmann, Hans 1 f., 4
Lopin, Jacques de 3 f., 6
Lucifer von Calaris 9

Mani 5
Mansi, Giovanni Domenico 14
Marcell von Ancyra 5, 9
Markos Eugenikos 17, 20–22
Markschies, Christoph 1 f.
Martin, Annik 8, 10
Martin V. (Papst) 16
Marx, Hans-Jürgen 15
Meletius von Antiochien 13
Metzler, Karin 11
Meuthen, Erich 19
Migne, Jaques-Paul 3, 5
Mommsen, Theodor 9
Montfaucon, Bernard de 3–6
Mühlenberg, Ekkehard 4, 8
Müller, Christian 3, 7–10, 12, 20
Müller-Streisand, Rosemarie 1

Neuhaus, Helmut 2
Nicolai de Niccoli 23
Nikolaus von Cotrone 15, 21

Oberdorfer, Bernd 7
Omnibonus Leonicenus 27
Opitz, Hans-Georg 2–4, 10, 22 f.
Origenes 5
Orlandis, José 7, 13
Oudot, Estelle 3

Pagius, Antonius 14
Papebroch, Daniel 11, 24 f.
Paulinus von Trier 9
Petit, Louis 23
Pinggéra, Karl 8
Podskalsky, Gerhard 16
Poli, Fabrice 3
Pollmann, Karla 5, 12
Pourkier, Aline 3
Ps.-Isidor 19

Raddatz, Alfred 1
Ramos-Lisson, Domingo 7, 13
Richard, P. 21
Ritter, Adolf-Martin 12
Rufin (von Aquileia) 9

Schmidt-Rost, Reinhard 2
Schroeter-Wittke, Harald 2
Schwartz, Eduard 2, 4, 9 f.
Seibt, Klaus 5
Serapion (von Thmuis) 14, 21 f.
Siderides, Xenophon Athanasios 23
Signorelli, Luca 25 f.
Simon, Frank 11, 22
Stinger, Charles L. 21
Stockhausen, Annette von 2–4, 7–10, 22–24, 27

Talbot, Alice-Mary 16 f.
Tetz, Martin 3, 5, 9, 13
Thomas von Aquin 14 f., 21
Traversari, Ambrogio 21–23
Turner, Cutbert Hamilton 12

Vinzent, Markus 8

Winkelmann, Friedhelm 9
Wintjes, Angelika 3, 9
Wintzer, Friedrich 2
Witte, Bernd 8
Wyrwa, Dietmar 2 f.

Sachregister

Abendland 8, 24
Altes Testament 5
Arianischer Streit 3, 9
Arianismus 13
Armenier 23
Athanasianum (symbolum quicunque) 4, 7f., 12, 14, 18, 21, 23–25
Athanasiushandschriften 23
Athanasius-Kult 25
Athanasius latinus 11, 22
Athanasiusrezeption 11, 25
Augustinrezeption 12

Basel, Konzil von 15f., 18f.
Bekenntnisschriften, lutherische 12
Byzantinisches Kaisertum 14f.
Byzanz 8

Chalkedon, Konzil von 8, 13, 18, 20
Codex F (S. Marco 695) 23
Codex Laurentianus S. Marco 584 11, 15, 22, 24
Codex Veronensis LX 10
Contra errores Graecorum (Thomas v. Aquin) 14f., 21

De incarnatione et contra Arianos (Ps. Athanasius) 5, 11, 22, 24
De processu spiritus sancti (Gennadius Scholarius) 23
De spiritus sancti processione (Bessarion) 22f.

Ephesus, Konzil von 18, 20
Epistula ad Afros (Athanasius) 10
Eucharistie 17

Fegefeuer 17f.
Ferrara/Florenz, Konzil von 1, 15f., 18–20, 22–27
– Acta graeca 18f., 22
– Acta latina 18–20, 22
– Bulle *Decet oecumenici concilii* 20
– Bulle *Doctoris gentium* 16
– Bulle *Exultate deo* 23
– Bulle *Laetentur coeli* 23
– Bulle *Pridem ex iustis* 16
Filioque 7, 13, 15, 17f., 20
Frühmittelalter 7

Geist, heiliger 4f.,12–14, 17–23, 25
Griechen 13–23, 25

Handschriften 3, 11, 19, 22, 24
Handschriftencorpora 8
Historia Athanasii 8, 10
Historia tripartita (Epiphanius/Cassiodor) 9
Hochmittelalter 11

Kircheneinheit 7, 16
Kirchenspaltung 7, 16
Konkordienbuch 12
Konzilien, ökumenische 4, 13, 15, 19
Kopten 23, 25

Lateiner 13, 15, 17–19, 21–23
Lateinische Kirche 7, 10, 24
Lateinisches Kaisertum von Konstantinopel 14
Legenda aurea 10

Mauriner 3f., 11, 22
Mittelalter 8, 11, 19, 24

Neues Testament 5
Nicaeno-Constantinopolitanum (Bekenntnis des 2. ökumenischen Konzils; Bekenntnis der 150 Väter) 7, 13, 18
Nicaea, Konzil von 8, 20
Nicaenum 13, 18, 20

Orientalische Kirchen 8, 25
Osten 9, 19

Pneumatologie 12–14, 25
Preußische Akademie der Wissenschaften 2
Primat, römischer 12, 14, 17
Pseudathanasiana 3f., 11, 21, 24

Pseudepigraphen 4, 11, 19
Pseudoisidorische Dekretalien 11, 19

Rezeption 4 f., 7 f., 24
Rezeptionsgeschichte 7 f.
Rom 5, 7, 9 f., 14, 20
– Synode 340/41 9, 14

Serapionbriefe 15
Spätantike 8, 10 f.
Symbolum quicunque (s. Athanasianum)

Toledo
– Synode 589 13
– Synode 653 7
Trinitätslehre 3, 13
– abendländische 3, 6 – 15, 18 – 25, 27

– neunizänische 13
Tyrus, Synode 335 9

Übersetzungen 7, 10 f., 21, 24
Union 13, 16, 23
– Unionsverhandlungen 15 f.
– Unionsversuche 25

Vandalenreich 10
Väter der Kirche 4 f., 15, 18 f., 21, 24
– griechische 7 f., 10 – 15, 17 – 25, 27
Vita Antonii (Athanasius) 10

Westen 7 – 11, 17 – 21, 25, 27
Westgoten 7, 13
Westgotische Kirche 7
Westgotisches Reich 12 f.
Westgotische Synoden 7, 17

www.ingramcontent.com/pod-product-compliance
Lightning Source LLC
Chambersburg PA
CBHW020415230426

43664CB00009B/1278